13歳からの

自分の心を守る練習

谷本恵美

PHP

はじめに

はじめまして。カウンセラーの谷本《たにもと》恵美《えみ》と申します。

この本は、**十三歳《さい》から大人までずっと役に立つ「自分の心を守る技術」が身につく本**です。

これまで私は、カウンセラーとして三十三年、スクールカウンセラーとして十八年、活動してきました。

その経験から、「これは本当に大切だ」「しかも効果がある」と感じている自分の心を守る方法を、この本では厳選してご紹介《しょうかい》しています。

今の世の中は、インターネットやSNSがどんどん進化して、世界中のあらゆる人と、いつでも、どこでも、簡単につながれるようになりました。

とても便利ではあるのですが、一方で、私たちは、常にだれかと比べて自分を見失いやすくなったり、顔も知らない相手から心ない言葉を投げつけられてトラブルになったり、といったことに悩《なや》まされています。

自分の心を守る方法について、なにも知らない無防備な状態でいると、どう

しても傷ついたり、落ちこんだりしやすい時代に私たちは生きているのです。

そんな、だれとでもつながりやすく、また傷つきやすい時代に生きる私たちに必要なのは、**自分の心を守る技術を知って、自分・他人との距離《きょりかん》感を身につけること**だと私は思っています。

ただ、この自分の心を守る技術は、学校では教えてくれません。

漢字の読み書きや、足し算・引き算などのように、生きていくうえで、とても大切なことで、ときに人の命を救うことにもつながる知識だと私は考えているのですが、だれも教えてくれないのです。

そのため、多くの人が、自分の心が傷ついたときに、どうすればいいのかわからず、あたふたして、悩みを大きくしています。

この本の目的は、自分・他人との距離感について、これまでほとんど考えたことがない人、たとえば、今まさに大人の入り口に立っている十三歳の人が読んでもわかるように、自分の心を守る技術について、基礎《きそ》の基礎から丁寧《ていねい》にお伝えすることです。

本のタイトルに「13歳からの」とありますが、ぜひ大人の人にも読んでほしいと思っています。自分の心を守る技術を身につけるのに年齢《ねんれい》は関係ありませんし、生きるのがラクになるヒントがたくさんつまっています。

自分の心を守る技術を身につけると、つい「自分なんて……」と考えて落ちこんだり、人に振《ふ》りまわされてボロボロになったり、といったことが少なくなります。

それだけではありません。相手とのほどよい距離感が身について、まわりの人とのトラブルが減り、関係がよくなるのです。

この本は、「会話形式」で進んでいきます。
私と話をしているのは、この本の編集者であるKさん。かわいいキャラクターとして登場します。

「不器用で、悩みを抱《かか》えがちなタイプなんです……」

Kさんは、自分のことを、そんなふうに考えていて、「もっとラクに生きられる方法を知りたい」と思って、私に連絡《れんらく》をくださいました。

Kさんは、私と会話を重ねていくなかで、悩みを抱えがちな多くの人が無意識のうちにやってしまっている行動や勘違《かんちが》いを、自分もやっていることに気がつきます。そして、そのたびに頭を抱えて、落ちこみます。

ですが、自分の心を守る技術を学んでいき、この本が完成する少し前に、とても明るい表情で、「最近、とてもラクなんです。悩むことがあっても、あまり引きずらなくなって」と言ってくださいました。

Kさんを、あなた自身と思って読みすすめると、理解がぐっと深まると思います。

それでは、あなたの心を守る練習をしていきましょう。

各項目《かくこうもく》は、どれも五分ほどで読めるものばかりです。

リラックスして、気軽に読んでみてくださいね。

谷本恵美

13歳からの
自分の
心を守る
練習

目次

第1章

自分とのつきあい方

第2章 頭と体を休ませる

第3章 人とほどよく距離を置く

第4章

親との関係がしんどい

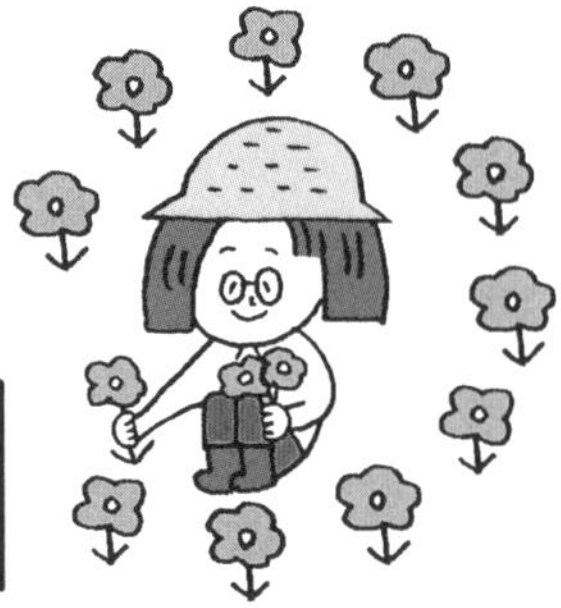

第5章 うまくいく人の小さな習慣

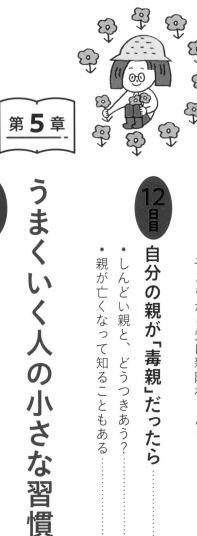

15日目

この本の登場キャラクター

●カウンセラー

谷本恵美（たにもと　えみ）

カウンセラーとして33年、スクールカウンセラーとして18年の経験があるベテランカウンセラー。犬・猫《ねこ》といっしょに暮らしている。

●編集者

K（ケー）

悩《なや》み多き編集者。高校生のときに落ちこぼれになった経験がある。家でのんびりしたり、近所を散歩したりするのが好き。

第1章

自分とのつきあい方

二十四時間、ずっといっしょにいるのに
よくわからないのが「自分」という存在です。
もっとラクに生きるには、どうすればいいの？
自分に自信を持つって、どういうこと？
この章では、そんな悩《なや》みについて考えます。

1日目

悩むって悪いこと？

「心の技術」を学ぶとラクになる

カウンセラーの谷本《たにもと》恵《え》美《み》さんと、ちょっとやっかいな「心」について学んでいきます。谷本さん、どうぞよろしくお願いします。

編集者のKさん、よろしくお願いします。この本のタイトルに「13歳《さい》からの」とありますね。これは？

中学生や高校生のときの私に、心理学や人間関係についての知識があったらな……という思いが、ずっとありまして。

十代のときに、なにかあったんですか？

もうずいぶん前のことになりますが、当時

の私は、自分の実力以上の高校に補欠合格して、入学したとたん、落ちこぼれになってしまったんです。クラスメートに指をさされて、バカにされたこともあって……。

それは、それは。

しかも、その高校は、勉強だけでなくスポーツもできる優秀《ゆうしゅう》な子だらけ。中学校までは、勉強もスポーツもできる「優等生タイプ」だと自分では思っていたので、自信をすっかりなくしてしまい……。まわりの視線がこわくて、友達もほとんどできなかったんです。真っ暗な高校三年間でした。

しんどかったですね。

今でこそ笑い話にできていますが、当時は本当に……。今、編集者として、人の悩《なや》みや生き方をテーマにした本をつくっていて思うんです。もし高校生のときの私に、心についての知識があったら、あんなに苦しまなくてすんだかもしれないな……と。

私は二十年近くスクールカウンセラーをしていますが、たしかに、十代の人と話していると、心についての最低限の知識や「技術」を身につけることは必須《ひっす》だと感じています。今の時代、SNSなどがあって、傷つくことがより増えていますしね。

技術……。人の心というと「生まれ持ったもので、どうしようもない」というイメージがあるんですが、だれでも身につけられる技術がある、ということですか？

はい。もちろん、変えられない部分もありますが、知識として学べて、技術として身につけられることもたくさんあります。だから、私は「**心は技術**」だと思っているんです。この本では、特に「自分の心を守る技術」について、基礎《きそ》の基礎からご紹介《しょうかい》していきますね。

悩みは成長のスパイス

さっそくですが、谷本さんが、これまで十代の人をはじめ、多くの人の悩みや不安を聞いてきて、なにか感じることはありますか？

そもそも悩むことを、「よくないこと」「悪いこと」と考えている人が多いですね。悩んでいる自分は、ダメだとか、弱いとか、なさけないとか。

高校生のときの私も、そう思っていました。大人になった今でも、落ちこむようなことがあると、つい自分を責めてしまうときがあります……。

私は、そんなふうに自分を責めてしまう人とお話しする機会があると、「**悩むって実はすごいことで、とても前向きな姿勢でもある**んですよ」とお伝えしています。

悩むことが前向き……？

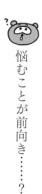

はい。私たちはつい、悩むことをマイナスなことと考えがちですが、そうとも言えないんです。たとえば、Kさんは、高校生のとき、どんなことに悩んでいましたか？

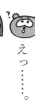

「授業についていけない自分は、もうダメだ」とか「いつもやる気が出ない自分は、なんて弱いんだろう」とか……ですかね。

たしかに、しんどい悩みですね。ただ、たとえば「もっと授業をスムーズに理解したい」とか「もっとやる気のある人になりたい」なんて言いかえることもできますよね。同じことを言っているのに、今度は前向きな印象を受けませんか？

えっ……。

ちょっと急ぎすぎましたね。ただ、今、お話ししたように、**悩むことは「よりよい自分になりたい」という気持ちの裏返しでもある**んです。「自分は完璧《かんぺき》だ」とか「なおすところはない」なんて考えている人は、そもそも悩みませんからね。悩みがあるからこそ人は成長していくんだと私は思っています。

でも、いくつになっても同じようなことでぐるぐる悩んで、大人になった今でも「まったく成長していないな……」と思うときがあります。

そんなときは、ちょっと過去を振《ふ》り返《かえ》ってみましょうか。高校生だったときのことを思い出してみてください。当時、悩んでいたこと、たとえば勉強やスポーツ、友達のことで、今も同じように苦しんでいるでしょうか？

（目をつむって思い出しながら）いえ、同じでは……。

ほかにも、たとえば、今から五年前の春に、どんなことで悩んでいたか、はっきりと思い出せますか？

五年前の春……。なにかあったかな……。

当時も、悩みはあったはずなんです。自分のことって、なかなかつかみにくいです

が、悩みが少しずつ変わったり、いつのまにか気にならなくなったりしていますよね。

ずっとなにかに悩んではいますが、たしかに、気づいたら、悩みの中身が変わっていたり、当時は大きな悩みでも今は消えたりしているような……。

それは、そのときどきのKさんが、問題を解決したり、状況《じょうきょう》を変えたり、耐《た》えてやりすごしたりしてきたからなんです。そうやって、今日までなんとかやってこられたのは、「Kさんが、日々、成長してきたから」とも言えるんじゃないでしょうか。

そんなふうに考えたことはなかったです……。

これまでの人生を少し長い期間で振り返ってみると、みんなそれぞれ、いろいろな事情や制約があるなかで、完璧ではないにしても、毎日を一生懸命《いっしょうけんめい》に生きていることがわかります。「**悩みは成長のスパイス**」なんて考えられると、ただしんどいだけの目の前の景色が変わって見えるかもしれませんね。

たしかに、そう考えられたらラクですね……。

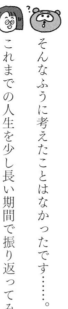

今の世の中は、数字や結果が大きな力を持っています。それらの数値だけで人が判断されてしまうことも多いですよね。なにも結果を出せていない自分には価値がないと考えたり、成績だけにとらわれて自分を追いこみすぎたり、できない自分とできる周囲を比べて苦しんだりしている人も少なくないはずです。

インターネットやSNSを開けば、自分よりすごい人が、いくらでも出てきますからね。人と比べて、あせる気持ちもわかります。

こんな時代だからこそ、自分のなかの少しずつ変わっていっている部分、ちょっと成長している部分にも目を向けて、自分をほめてあげられるといいかもしれませんね。

自分をほめる……。でも、どうやって……。

それじゃあ次回は、自分をほめることについて学んでいきましょう。

は、はい……。

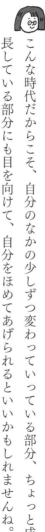

今日のまとめ

悩むことは……

○ 成長のスパイス

× よくないこと

心の技術1

過去を振り返って成長を実感する

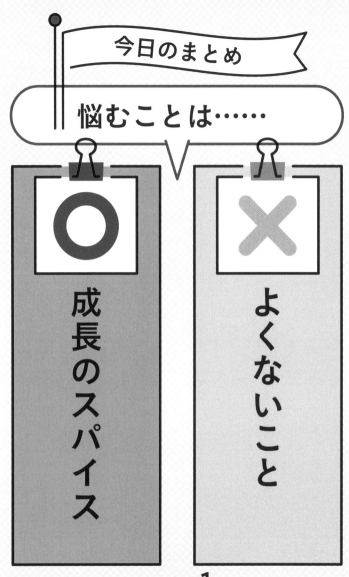

2日目

自分を ちょっと ほめてみる

これまでの過程にも目を向ける

前回、谷本《たにもと》さんに「自分をほめてあげられるといいかもしれませんね」と言われたのでやってみましたが、なんだか恥《は》ずかしいし、難しいですね……。

実際にやってくださったんですね。どんなふうに自分をほめてみたんですか？

過去に人から「すごい」と言われたことを思い出したり、人と比べて自分のほうがすぐれているところを探してみたり……。でも、人から絶賛された経験なんて一度もないし、胸を張って「これだ！」と誇《ほこ》れる長所も思いつかなくて。自分をほめるつもりが、なにもないという事実をつきつけられたようで、かえって落ちこみました。

自分をほめようと思っても、そんなところは一つもないと？

はい……。

そんなふうに考えてしまうのは、Kさんだけじゃないんですよ。多くの人は、いざ自分のことをほめようとすると、「一般的《いっぱんてき》な」ほめ方しか思いつかないんです。

一般的なほめ方……？

前回、少しお話しした「数字」や「結果」だけに注目するほめ方ですね。「かけっこで一等賞をとった」とか「偏差値《へんさち》の高い高校に合格した」とか「会社で出世して部長になった」といった、目標を達成したり、わかりやすい実績があったり、人から「すごい」と言われたり、といったことだけに目を向けるほめ方です。

うう……。私がやったのは、まさにそれですね……。

私たちは小さなころから、いろいろな場面で、数字や結果で評価されてきたので、いざ自分をほめようとすると、そうなるのも仕方ないと思います。

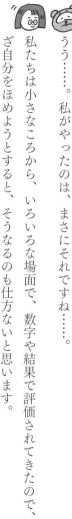

それじゃあ、どうやって自分をほめれば……？

ぜひ、**数字や結果だけでなく、「過程」にも目を向けてみてください。**前回、Kさんは、高校生のときに落ちこぼれになったと話してくれましたよね。

はい。まわりは優秀《ゆうしゅう》な子だらけで、それこそ人に誇れる数字や結果なんて一つもなかったですね。

たしかに、数字や結果だけを見ると、Kさんが言うように、落ちこぼれだったのかもしれませんが、そんなしんどい状況《じょうきょう》でも学校には通っていたんですよね。

休んだことは一度もなかったです。

それって本当にすごいことだと思うんです。

でも、なんとなく休むのがこわかっただけで、強い気持ちがあったわけでも、「負けてたまるか」という根性があったわけでもないんです。

なるほど。実際、そうだったのかもしれませんが、大人になって、いろいろな世界を知ったKさんが、今、あらためて高校生のときの自分を振《ふ》り返《かえ》ったとき、どんなことを思いますか？

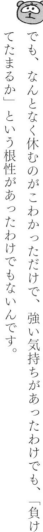

えっ……。まあ、よく三年間も耐《た》えたな、とは思いますが。

よくがんばったと思いますよね。そんなふうに、過去を振り返って、数字や結果だけでなく、過程にも目を向けてみると、「自分って案外よくやっているよ」と思えるようなことが、たくさんころがっているんです。

自分しか知らない、小さなことですけど……。

小さくていいんです。たとえ一つひとつは小さくても、拾って集めてみると、結構大きなかたまりになりますよ。いきなり自分をほめようとするとハードルが高いかもしれませんが、「**過去を振り返るなかで、過程にも目を向けて、自分の小さながんばりを集めてみる**」くらいの感覚だとやりやすいかもしれませんね。

つい、「人に自慢《じまん》できるような実績を出した」とか

「いい学校に入れた」といった、外に向けてアピールできることで自分をほめようとしますが、そうじゃなくて、自分のなかにすでにある小さながんばりを見つけることが、そのまま自分をほめることにつながると……？

そうです。なかには、かつてのKさんと同じような状況になったときに、学校をやめるという選択《せんたく》をした人もいましたが、そのあと高卒認定《にんてい》試験を受けたり、就職したりするなどして、しっかり自分の人生を歩んでいます。それもまた本当にすごいことですよね。だから、どんな選択をしたとしても、自分をほめてほしいんです。

いきなりは、なかなか難しいですが……。

少しずつで大丈夫《だいじょうぶ》ですよ。過去を振り返ると、しんどいことを思い出して、落ちこむことがあるか

もしれませんが、その近くに、実はたくさんのお宝が眠《ねむ》っているんです。あせらず、ゆっくり掘《ほ》りおこしていきましょう。

お宝、私にもありますかね……。

必ずあります。**自分しか知らない小さながんばりを集めていくと、「私って、ダメなところもたくさんあるけど、それらも全部ひっくるめて、まあなんとかやれているよね」と思えるようになります。**自分のことをいとおしく感じて、じわーっとあたたかい気持ちになりますよ。

自分に言葉のごほうびを

谷本さんも自分をほめることってあるんですか？

もちろんです。これまでの人生、どれだけ自分をほめてきたことか。小さなこと、ささいなことでも、すぐに自分をほめますよ（笑）。

たとえば、どんなことで？

「朝、ちゃんと起きられた」とか「晩ごはんをおいしくつくれた」とか「今日は気分よく一日をすごせた」とか、ですね。

失礼ですが、本当に小さなことですね（笑）。

はい（笑）。それくらいのことでいいんです。

ほかには、どんなことで自分をほめてきましたか？

私はシングルマザーで、働きながら三人の子育てをしてきました。それはもう大変な毎日でしたが、ふとしたときに「いつのまにか、こんなに子どもが大きくなっている。私、子育てがんばっているよ」とか「もう卒業式か。なんとかここまでやってこられた。すごいよ、私」みたいに、一人でつぶやいていましたね。

やっぱり過程に目を向けるんですね。

そうですね。**いろいろな事情を抱《かか》えながら、なんとかここまで生きのびてきた過程に目を向けると、「自分も捨てたもんじゃないな」と思える**んですよね。自分をほめるって最初は恥ずかしいかもしれませんが、自分に何度も言葉をかけるうちに慣れてきて、そのうち習慣になります。「がんばった自分へのごほうび」なんてよく言いますが、物だけでなく、言葉のごほうびもおすすめですよ。

ごほうびは大好きなので、やってみようかな……。

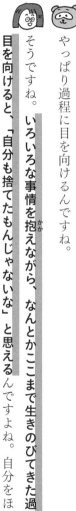

今日のまとめ

ほめるときは……

○ 過程にも注目する

× 結果だけを見る

心の技術2

小さながんばりを集めてみる

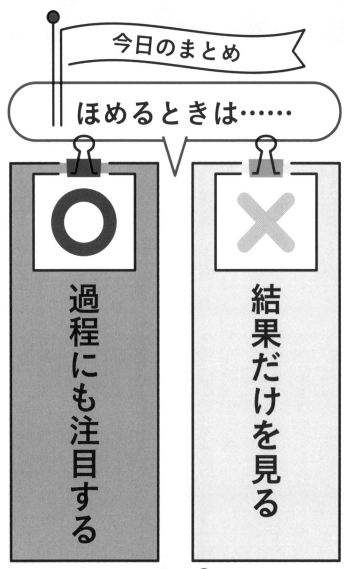

3日目

どうすれば自信を持てる?

自分をそのまま受け入れる

よく「もっと自分に自信を持とう」とか「あの人は自分に自信がありそう」なんて言い方をすることがありますよね。「自分に自信がある」と聞いて、Kさんは、どんな人をイメージしますか？

うーん……。たとえば、人から「すごい」と言われるような実績を出している人でしょうか。実績を出しているから、「私はできる」と自分を信じられたり、「私はこうだ」と自分の考えを堂々と主張できたりするのかな、と。

たしかに、人から認められるような実績があると、「私はできる」と思いやすくなるのかもしれませんね。

やっぱり、なにかよりどころになるようなものがないと、自分に自信を持つのは難しいと思うんです。あっ、話していて思ったのですが、前回の自分をほめる話と似ていますね……。

そうなんです。自分をほめることと、自分に自信を持つことは似ていて、つながっています。Kさんは、さっき、自分に自信を持つには、人から認められるような実績が必要だと考えたと思いますが、そんな客観的な裏づけがなくても、自分に自信を持つことはできるんですよ。

本当ですか⁉

はい。逆に、そういった実績、つまり前回出てきた、**数字や結果だけをよりどころにした自信は案外もろい**んです。結果を出して、それで自分に自信を持っている人が、なにかをきっかけに結果を出せなくなったら、どうなると思いますか？

それまで結果を出していたぶん、大きなショックを受けるでしょうね。高校で落ちこぼれになった私のように……。

簡単に、「自分は、もうダメだ」という考えに、ひっくり返ってしまいますよね。

はい。それじゃあ、なにをよりどころにすれば……？

そこでポイントになってくるのが、前回お伝えした、過去を振《ふ》り返《かえ》って、過程にも目を向けて、自分の小さながんばりを集めることです。Kさん、やってみましたか？

ぎこちないですが、一応は……。

うれしいですね。実際に振り返ってみて、どうでした？

これまで見向きもしなかったことや、すっか

り忘れていたことを、いくつか思い出しました。それと、ほんの少しですが、自分のことを「案外よくやっているのかもしれない」と思えるようになった気がします。谷本《たにもと》さんのような、自分をほめる達人には、まだまだほど遠いですが……。

ゆっくりで大丈夫《だいじょうぶ》ですよ。そうやって自分をほめることに慣れてくると、自分のいいところも悪いところも、得意なことも苦手なことも、成功も失敗も、長所も短所も、強さも弱さも、未熟なところやダメなところも、自分のすべてをまるごとひっくるめて「これが私なんだ」と思えるようになってきます。

自分をまるごと……。

そんなふうに、**いろいろな事情を抱《かか》えながら、今日まで生きのびてきた自分をそのまま受け入れて、「明日からも、まあなんとかやっていこう」と考えられることが、「本当の自信」**だと私は思っているんです。

本当の自信……。私が今までイメージしていた感じとは違《ちが》います。

Kさんは、前回、過程に目を向けると、自分しか知らないお宝のような過去が、たくさん眠《ねむ》っていることを知りましたよね。それらが、本当の自信のよりどころになってくれますよ。

人に誇《ほこ》れるような立派な裏づけがなくてもいいんですね。

はい。ここまで生きのびてきたこと自体がすごいんです。自分の歩みと力を信じてあげてください。これからも、過去を振り返って、自分の小さながんばりを集めていきましょう。続けていくうちに、本当の自信を持てるようになりますから。

は、はい……。少しずつやっていきたいと思います。

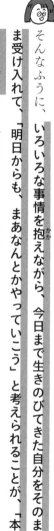

自信は波のように変化する

もう一つ、お伝えしたいのは、「自信は、一度手に入れたら、もう大丈夫。これで一生安心だ、というものではない」ということです。**自信は、上がったり、下がったりしながら、波のように常に変化していくもの**なんです。

一度手に入れても、下がることもあるんですね……。

そうですね。自分に自信を持っている人でも、落ちこむようなことがあったり、気持ちに余裕《よゆう》がなくなったりすると、自信は下がっていくのが自然です。

谷本さんもですか？

もちろんです。ただ、なにかをきっかけに、また上がっていくことも知っているので、自分をほめて、必要以上に傷つかないようにケアしています。それと、課題に直

面して悩《なや》むたびに、この前お伝えした「悩みは成長のスパイス」だったり、「人生の経験値が、また上がったぞ」なんて考えるようにしています。どうしようもないときは、ジタバタせずに、しのぐことも大切ですからね。

自信は、上がったり、下がったりするのが自然、ということはわかりましたが、世の中には、いつも自信満々な人もいますよね？

そう見える人もいますね。ただ、**「私は、なんでもできる！」という全能感に満ちあふれた自信は、危ない面もある**んです。

自信を持つことが危ない……？

たとえば、「常に私は正しい」とか「間違っているのは、そっちだ」と考えて、自分の行動をかえりみなくなったり、人の話を聞かなくなったりしてしまうんです。そんな態度だと、しょっちゅう人とトラブルになってしまいます。

たしかに、絶対に人に謝《あやま》らない人っていますね……。

自分に不都合なことや気に入らないことが起こるたびに、人のせいにしたり、不機嫌《ふきげん》になったり、まわりにあたりちらしたりする。それは、自分と向き合うより、人のせいにするほうがラクだからです。いつも自信満々に見える人のなかには、そういう自分との葛藤《かっとう》から逃《に》げてきた人もいるんです。

なるほど……。なんだか、今日で、自信という言葉の印象がガラッと変わりました。本当の自信には「しなやか」とか「やわらかい」といった言葉が似合いそうですね。

そうですね。**本当の自信というのは、自分の弱さや未熟さからも目を背《そむ》けず、そのまま、まるごと受け入れること**です。

今日のまとめ

自信を持つには……

○ がんばりを集める

× 立派な実績が必要

心の技術3

自分をまるごと受け入れる

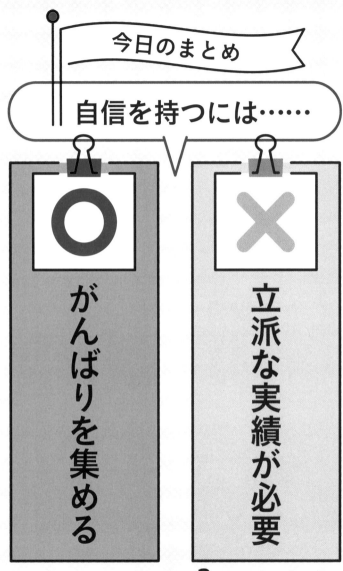

4日目

見た目にコンプレックスがある

人の印象は、かなりいい加減

最近いたるところで、美容整形や脱毛《だつもう》、ダイエットなど、見た目のコンプレックスを刺激《しげき》するような広告を見かけます。この前は、十代の人にまぶたを二重《ふたえ》にする手術をすすめる広告を電車のなかで見かけて、びっくりしました。

それだけ自分の見た目にコンプレックスを抱《いだ》いている人が多いんでしょうね。スクールカウンセリングの場でも、「自分はブスだ」とか「かわいくない」とか「かっこよくない」とか「整形したい」なんていう言葉をよく聞きます。

自分についての悩《なや》みのなかでも、見た目の悩みって大

きいと思うんです。生まれつきの特徴《とくちょう》や、自分ではどうにもできないことも多いので……。特に、十代は自分の見た目に敏感《びんかん》になる年ごろですし、今はSNSなどで人と比べることが日常にたくさんあるので、「自分を変えなきゃ！」と思うのもわかる気がします。

見た目だけでなく、**すべてのコンプレックスに共通することですが、もとをたどってみると、まわりの人からの言葉に影響《えいきょう》を受けていることが多い**んです。たとえば、親や親戚《しんせき》からの「お父さんに似て鼻が丸いね」とか「お姉ちゃんはやせているのに」といった言葉がきっかけになったりします。

言ったほうは悪気がなかったり、軽い冗談《じょうだん》のつもりだったりしても、言われた本人は、ずっと覚えていますよね……。

ほかにも、きょうだいや友達同士のけんかで、相手を言い負かそうとして、その人の見た目の特徴を誇張《こちょう》したり、バカにしたりすることがありますよね。

あっ……。私、昔から顔にホクロがとても多いのですが、そのことを小学生のときに「鼻くそがついている。汚《きたな》～い！」とバカにされたことがありました。それまでまったく気にしていなかったのに、急に恥《は》ずかしくなった記憶《きおく》があります。今でもホクロについてふれられるのは苦手なままですね。

そんなことがあったんですね……。さらに、メディアやSNSなどからの「かわいい」「かっこいい」とか「ブス」「ブサイク」といった、人の見た目を話題にするような情報の影響も大きいと思っています。そんな言葉や情報が蓄積《ちくせき》して、コンプレックスを抱くようになるんです。

つい「顔にこんな部分があるから、私はブスなんだ」とか「体形がこうだから、バカにされるんだ」なんて自分に原因があると思いがちですが、そう思わされている面もあるということですか？

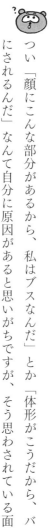

はい。**人の印象というのは、印象を「持たれる」側に原因はありません。印象を「持つ」側の過去の経験や思いこみからきていることが多い**んです。

印象を「持つ」側の経験や思いこみから……。

たまに、人の見た目についてひどいことを言う人がいますが、それはあくまでも、その人の印象であって、ほかの人にとっては、まったく気にならなかったり、とても魅《み》力的《りょくてき》な部分だったりするんです。

思いあたることがあります。以前、ある人が私の顔を見て「君は、ずっとニタニタしているからバカに見える」と言ってきたことがあったんです。突然《とつぜん》のことでびっくりしたし、ショックでしばらくのあいだ笑うとぎこちなくなりました。でも、同じころに別の人からは、「いつも笑顔で話しかけやすい」って言われたんです。

Kさん自身は、なにも変わっていないのに、見る人によって、まったく違《ちが》う印象を持たれたわけですね。

そうなんです。「えっ、どっちなの……」と思いましたね。

Kさんが経験したように、**人の印象って、曖昧《あいまい》で、かなりいい加減**なところがあるんです。だから、特に、自分の見た目が気になりはじめる十代の人は、人の勝手な印象や評価に振《ふ》りまわされないでほしいと願っています。それらを気にしすぎて、コンプレックスを抱いたり、自分の魅力を閉じこめたりしてしまうのは、もったいないですから。

自分の軸がないと振りまわされる

たしかに、「人の印象は、かなりいい加減」と考えられると、見た目についての心ない言葉に傷つくことが減ったり、コンプレックスが少しやわらいだりするかもしれませんが、一方で、今の時代は、さっきの広告のように、美容整形など、お金を出してコンプレックスを解消する方法もありますよね。

そうですね。そういう方法でコンプレックスを解消できる人もいると思います。

それも一つの方法だと思いますか？

はい。本人が納得《なっとく》して決めたことなら、それもすてきな方法です。ただ、これは私の考えですが、美容整形でだれかに似せることはできても、その人自身になれるわけではありません。今あこがれている有名人も、数年後には人気がなくなっているかもしれないし、そのときの流行によって「かわいい」「かっこいい」の基準も、どんどん変わっていきます。

たしかに、ブームが変わるのは早いですもんね……。

それに、だれもが平等に歳《とし》を重ねていきます。十代の人には、なかなかわかってもらえないかもしれませんが、皮膚《ひふ》は重力に負けて下がってくるし、体もどんどん動かなくなる（笑）。人生は長いので、見た目だけにとらわれていると、歳をとることさえこわくなってしまうでしょうね。

なるほど……。

美容整形でもダイエットでも、「自分の価値は、人からの評価で決まってしまう」と考えると、しんどくなってしまいます。自分という軸《じく》がないと、いつか限界がくるんです。人の印象や評価に振りまわされて自分を変えつづけることよりも、**「どんなふうに生きていきたいか」とか「どんなことを大切にしたいか」という自分の思いこそが大切**なんです。

人からの印象や評価ってわかりやすいので、つい気になってしまいますが、大切なのはやっぱり自分なんですね。

そうですね。きれいごとに聞こえるかもしれませんが、**「自分と、どう向き合ってきたか」という過程が、表情やしぐさ、雰囲気《ふんいき》などにあらわれて、その人らしさや魅力につながっていく**と私は信じています。

これまで、自分についてじっくり考えたことがあまりなかったので、時間をつくって、自分と向き合ってみたいと思います。

今日のまとめ

人の印象は……

○ かなりいい加減

× 自分の価値を決めるもの

心の技術4

どう生きたいか
自分と向き合う

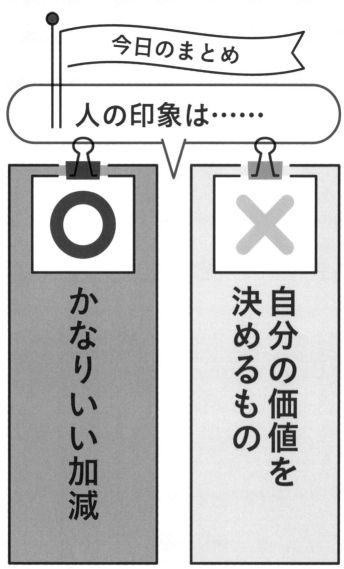

第2章

頭と体を休ませる

頭のなかが、悩《なや》みや不安でごちゃごちゃ。
いつも余裕《よゆう》がなくて、体がしんどい。
でも、やらなきゃいけないことがたくさんある。
そんなとき、どうすればいいのでしょうか。
この章では、頭と体を整えるヒントをお届けします。

5日目

悩みから離れる

なにも考えない時間を持つ

谷本《たにもと》さんと「心の技術」を学びはじめて、たしかに気持ちが少しラクになった気がします。とはいえ、人生、すぐには解決しないことばかりですよね……。

そうですね。いつもスッキリ解決となればいいのですが、なんとか耐《た》えたり、しのいだり、嵐《あらし》がすぎさるのを待ったりするしかないことも多いですね。

なかなか解決しない悩《なや》みや不安を抱《かか》えつづけるって、ずっと重い荷物を背負っているみたいで、しんどいですよね……。そういうモヤモヤした気持ちで、いっぱいいっぱいになったとき、谷本さんは、どうしているんですか？

とにかく、まずは悩みや不安から距離《きょり》を置きますね。一つのことをずっと考えつづけたり、嫌《いや》なことを何度も思い出したりするのは、強いストレスを繰《く》り返《かえ》し受けているのと同じです。だから、**悩みや不安そのものから一旦《いったん》離《はな》れて、なにも考えない時間を持つ**ようにしています。

つい、苦しんでいることの原因をつきつめて考えたくなりますが、まずは離れるんですね。反対のことをやっていました……。

悩みや不安で押《お》しつぶされそうな状態というのは、たとえるなら、ふちまでめいっぱい水が入ったコップです。表面張力でかろうじてあふれていないだけで、そこに小さなほこりでも落ちようものなら、水はあっというまに外にこぼれます。

本当に、ぎりぎりですね。少しでも水をかきだして、減らさないと……。

そうなんです。なによりもまず、水位を一ミリでも二ミリでも下げていかないといけないのに、多くの人は反対のことをやってしまいます。一つのことをずっと考えつづけたり、嫌なことを何度も思い出したりするのは、もうすでに水がいっぱいに入っているコップに、さらに水を足しつづける行為《こうい》なんです。

うう……。今までの私は、これ以上なにも入らないところに、さらに水を足そうとしていたんですね。だから、しんどかったのか……。まずは、少しでも水を減らさないと。とてもイメージしやすくなりました。

心もコップと同じで、なにかが入ってくるスペースを確保しておかないと、すぐ容量オーバーになってしまいます。自分でも「えっ、これくらいで?」と思うようなことにイライラしたり、感情を爆発《ばくはつ》させて人とトラブルになったり、ズドンと落ちこんだりしてしまうんです。

そんな状態だと、悩みや不安に冷静に向き合うことなんてできないし、いい解決策も思いつきそうにないですね……。

そうですね。悩みや不安から離れて、なにも考えない時間を持つというのは、コップの水位を下げることなんです。水位が下がって、スペースを確保できて、はじめて自分のことを客観的に考える余裕《よゆう》が生まれてきます。

なにごとにも余裕は大切ですもんね。

はい。よく「健康には腹八分目《はらはちぶんめ》がいい」なんて言いますよね。これは胃だけでなく心にも言えることだと思います。**心を八分目に保って、少し余裕を持っておくからこそ、予期しないことが起こっても対応できる**んです。

夢中になれることに没頭する

ただ、すぐには解決しない悩みや不安を抱えているときって、いざ苦しいことから離れようと思っても、なかなか難しいと思うんです。たとえば、悩みから距離を置こうと思って「さあ寝《ね》るぞ」と布団《ふとん》に入っても、いろいろなことが次々と頭に浮《う》かんできて、よけいに目がさえてしまうような……。

考えごとをやめられないときや、なかなか寝られない夜もありますよね。そんなとき私は、**好きなこと、夢中になれることに、どっぷりつかります。**

好きなこと……。たとえば、どんな感じで？

本当に、ただ好きなことをやるだけです。この前、仕事でもプライベートでもうんざりすることが続いて、「もう限界！」と言いたくなるようなタイミングがあったんで

すが、そのときは、おかしと飲みものを片手に、昔からのお気に入りの映画やアニメを一気に見たり、ヘッドフォンをして音漏《おとも》れを気にせず、ひたすら大好きな曲を電子ピアノで弾《ひ》いたりして、一日すごしましたね。

おお……。まさに、どっぷりですね。

ほかに、手をひたすら動かすだけの単純作業もやりました。私は数年前からスケジュール帳を自分でつくっているんですが、その罫線《けいせん》を、ただもくもくと、なにも考えずに引きつづけていましたね。

な、なるほど。それで、なにか変わりましたか？　一見、ただの現実逃避《とうひ》のようにも思え

ますが……。

悩みや不安そのものが解決するわけじゃないんですが、**好きなことや夢中になれる作業に没頭《ぼっとう》していると、そっちに意識が向いて、悩んでいることを一瞬《いっしゅん》忘れている**んです。それって、悩みや不安から距離を置いている状態なんですね。

悩みや不安から「離れよう、離れよう」と考えるのではなく、頭のなかを好きなことでいっぱいにして、嫌なことが入ってこないようにする感じですか？

そうですね。この前も、休みの日に好きな作品の世界に逃《に》げこんで、罫線をひたすら引くことに没頭していたら、夜寝る前には「まあ、なんとかなるか」と思えるようになっていました。夢中になれることや時間を忘れてのめりこめることって、人生を豊かにしてくれるだけでなく、しんどいときや苦しいときに自分を支えてくれたりもするんです。Kさんには、そういうものがありますか？

あまり考えたことがないのですが……景色を見ながら散歩したり、愛犬をなでたりしているときは、落ちつくし、時間がすぎるのが早いですね。

すてきな時間ですね。これまでに「自分は、なにが好きなんだろう」と考えたことがない人は、ぜひこの機会に、ゆっくり考えてみてほしいですね。**「私は、これが好き」と自覚できると、自分の味方が増えたような気持ちになりますよ。**

私も、あとで、ゆっくり考えてみます。

人生、すぐには解決しないことも多いですが、ときに好きなことの力を借りながら心にスペースを確保して、明日の自分に悩みを託《たく》していく。そうやって日々をすごしていると、解決策がふと見つかったり、助けてくれる人があらわれたり、悩みや不安そのものがあまり気にならなくなったりすることがあります。自分の好きなことを大切にしていきましょうね。

今日のまとめ

しんどいときは……

○ 悩みから離れる

× 原因をつきつめる

心の技術5

好きなことにどっぷりつかる

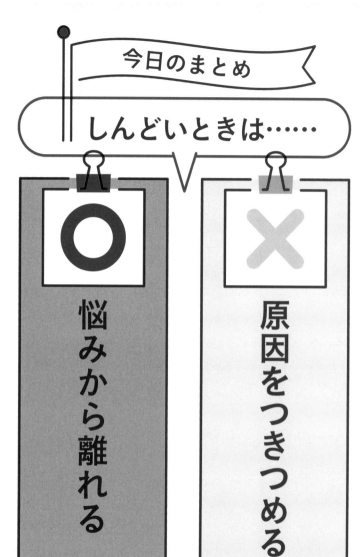

6日目

疲れたら
堂々と休もう

自分の感覚を信じて早めに休む

前回は、悩《なや》みや不安から離《はな》れることについてお話ししました。もう一つ、それに関連してお伝えしたいのが、「疲《つか》れたら堂々と休みましょう」ということです。Kさんは、休むことに、どんなイメージを持っていますか？

サボるとか、人に迷惑《めいわく》をかけるとか、なんとなくですが、うしろめたいイメージがありますね……。高校生のときは、一日でも休むと、まわりに置いていかれるんじゃないかという恐怖心《きょうふしん》がありました。

最近は、ほとんど聞かなくなりましたが、一定期間に一日も休まなかった人を表彰《ひょうしょう》する「皆勤賞《かいきんしょう》」という制度があるように、私たちは小さなころから「休まずにがんばるのは偉《えら》いこと」と教わってきたので、そう考えてしまうのも仕方ありません。

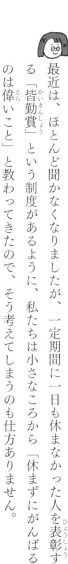

高熱が出るなど、よほどの理由がないと学校を休ませてはもらえなかったし、自分でも休もうとは思いませんでした。仕事でも同じですね。

休むことは、子どもにとっても大人にとっても必要不可欠なことなのに、簡単には休めない雰《ふん》囲《い》気《き》がありますよね。

そうですね……。自分をだましながら、つい無理しちゃうときもありますね。

ただ、疲れには、人を悪いほうに変えてしまう強い力があります。くたくたになって余《よ》裕《ゆう》がなくなると、ちょっとしたことでカチンときたり、腹が立って人や物にあたったり、イライラして勉強や仕事が手につかなくなったり……感情の調整がうまくできなくなるんです。疲れがきっかけで人間関係が壊《こわ》れてしまうことも結構あるので、そういう意味でも、疲れたら早めに休めるといいのですが。

耳が痛いです。この前、しくじってしまいました……。

なにかあったんですか？

出張でへとへとになって家に帰ったら、通販《つうはん》の段ボールがリビングにそのまま放置されていたんです。それを見て「なんで片づけないの⁉　何度もお願いしているのに信じられない！」と家族にイライラをぶつけてしまい、そのあと数日、とても険悪な雰囲気が続きました……。

そんなことがあったんですね。疲れていると、そんなふうに、いつものKさんなら考えられないことをポロッと言ってしまったり、いつもなら許せることに感情を爆発《ばくはつ》させたりすることにつながってしまうんです。そうなると、負のループにはまって、考え方も後ろ向きになりがちです。

あとで、お風呂《ふろ》に入りながら、「なんで、あんなことを言ったんだろう……」と、自分のことが嫌《いや》になりました。

落ちついたときに、自分をかえりみることができるんです。だからこそ、疲れに支配されたくはな

いですよね。

本当に、そうですね……。

「いつもの自分と、なにかが違《ちが》うな」と思ったら、それはもう自分を休ませるサインが出ている状態です。疲れや心の状態は、まわりからはわかりにくいし、どんなことに疲れを感じるかは、人によってまったく違います。自分の感覚を信じて、堂々と休みましょう。休むことは、自分はもちろん、まわりの人のためにもなるんです。

疲れたかどうかは、自分の感覚で判断していいんですね。

はい。自分の感覚を大切にして、早めに休んでくださいね。

休む前に自分に許可を出す

でも、人生には、どうしても休めないタイミングがありますよね。たとえば、締《し》め切《き》りや試験などの日程は、あらかじめ決まっていて動かせません。休みたくても、追いこまれていて、なかなか休めないときがあると思うんです。

そういうときもありますよね。丸一日休むのが難しかったら、数時間でも、数十分でもいいんです。一日のどこかで、休む時間をとれませんか？

そ、それくらいなら……。ただ、「この数十分のあいだに、英語の単語を十個覚えられるのに」とか「ライバルは、この時間もがんばっているかもしれない」なんて考えてしまって、よけいに疲れてしまうような気もします。

私は、そんなふうに追いこまれて、**なかなか休みにくい状況《じょうきょう》のときには、休む前に必**

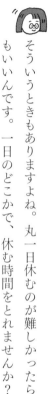

ず自分に許可を出すようにしています。

自分に許可……？

たとえば、受験直前に仮眠《かみん》をとる場合は、「もし、ここで体調を崩《くず》したら、試験を受けられなくなる。今、寝《ね》ることは、受験のためでもあるんだ」といった感じで、休むことの意味を見つけて自分に許可を出すんです。

自分に許可を出しても、すぐに気持ちを切りかえるのは難しいような……。

休むことの意味を見つけるのが難しかったら、「もう無理！　限界だから、今は寝るぞ！」と自分に宣言してもいいですよ。私は、よくやります。

それならできるかも……。

心と体が限界なのに、頭で「休んでいいのかな……」と考えるのは、ブレーキとアクセルを同時にふむようなものです。よけいに疲れてしまいます。自分に許可を出して、休むことへのうしろめたさが薄《うす》まると、純粋《じゅんすい》に休める時間に変わるんです。それに、**ちゃんと休んで、スッキリした頭で勉強や仕事にとりかかるほうが、はかどることが多い**はずです。

たしかに、眠《ねむ》くて仕方ないときや、やる気が出ないときは、なにをしてもうまくいかなくて、よけいにあせります。仕事が予定通りに進まなくてデスクにかじりついているときがありますが、気分転換《てんかん》に少し外を歩いたり、その日は寝て、翌朝にやったりすると、あっという間に終わることがありますね。

私も、よくあります。

十代のころは、試験直前に徹夜《てつや》で知識をつめこんだこともありましたが、今、考えると、無茶をしていたな……と思いますね。

睡眠《すいみん》時間を削《けず》ることは、絶対におすすめしません。短期間で見れば成果が出ることも

あるかもしれませんが、それが続くと、心身にとんでもない負担がかかります。メンタルダウンや突然死《とつぜんし》などの可能性も高まるので、絶対に避《さ》けてほしいです。

勉強も仕事も健康であってこそ、ですもんね。

そうですね。心身の健康の面からも、効率の面からも、自分を休ませることは絶対に必要です。今日から、休むことをプラスにとらえていきましょうね。

仕事の締め切りに追われて忙《いそが》しくなると、つい忘れがちになるので、「疲れたら早めに休む！」というメモをデスクにはっておきます（笑）。

今日のまとめ

休むことは……

○ 人間に必要なこと

× サボること

心の技術6

自分に許可を出して堂々と休む

7日目

相手の不機嫌に振りまわされない

「なにか事情がある」と考える

前回、谷本《たにもと》さんに「自分に許可を出して、堂々と休みましょう」とアドバイスをもらったので、へとへとになる前に早めに休むようにしています。

意識してくださっているんですね。うれしいです。

ただ、一つ問題があるなと思いまして……。

問題ですか？

はい。自分のタイミングで休もうとすると、まわりの人とぶつかってしまうことがありますよね。たとえば、前回、受験生が仮眠《かみん》をとる話がありましたが、実際、受験前に寝《ね》ていたら、なにか言ってくる

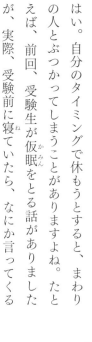

親は多いと思います。

「受験が近いのに勉強しなくていいの!?」とか「そんなところで寝ていて大丈夫《だいじょうぶ》なの!?」みたいな感じですよね……。私も三人の子育てをしていたときは、つい小言を言ってしまうことがありました。

谷本さんにも、そんなときがあったんですね。

もちろんです。子どもが学校や塾《じゅく》でがんばっているとしても、その姿は親には見えないので、つい不安になってしまうんです。勉強する姿を自分の目で確《かく》認《にん》してはじめて、「この子は、ちゃんとやっているんだな」と安心できるんですね。

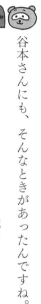

ただでさえ親のことがうっとうしい思春期に、しかも受験前のピリピリしている時期に、そんな小言を言われたら、「うるせえな！」とか「黙《だま》れ！」なんて言って、大げんかになりそうです。そうなると、休むどころか、ぐったりですね……。

私は、そんなふうに、こっちの事情も知らずに、相手が小言を言ってきたり、不機嫌《ふきげん》を一方的に押《お》しつけてきたりするときには、**「ああ、この人には、なにか事情があるんだろうな」と想像する**ようにしています。

事情を想像する……？

さっきの受験生なら、たとえば「親は不安で安心したいんだな」とか「学校や塾で勉強していることは知らないもんな」なんて想像してみるんです。自分への小言だと思うと腹が立ちますが、親には親の事情があって、不安が口から出ているんだと想像してみると、親の姿が少し変わって見えませんか？

な、なるほど。たしかに、そんなふうに想像できたら、口うるさい親が、悩《なや》んでいる一人の人間に思えてくるような……。

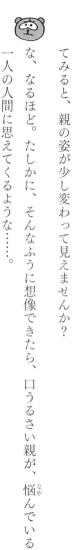

「うるせえな！」とか「黙れ！」が、「大丈夫だよ」とか「そっとしておいて」に変わるかもしれませんよね。

それなら大げんかにはならなさそうですね。

こっちから親の事情を完全に理解することはできませんが、「親には親の事情があるんだろうな」とか「親も不安なんだろうな」と少しでも思えれば、小言や不機嫌に振《ふ》りまわされずにすみます。そうやって、自分が休める環境《かんきょう》を整えていきましょう。

相手の事情を想像するのは、自分のためなんですね。

そうです。しかも、親の不安を小さくすることができて、ひょっとしたら小言が減るかもしれません。一石二鳥《いっせきにちょう》です（笑）。受験前に寝ていることが親の不安を刺激《しげき》するのであれば、親には「わかったよ」と返事をして、その場を離《はな》れて、自分の判断で一人でゆっくりできる場所で寝ればいいんです。

相手の本当の事情はわからない

仕事の場合は、どうでしょうか。自分が休むことで、いっしょに働く上司や同僚《どうりょう》の仕事が増えたり、仕事を代わってもらう必要が出てきたりして、お願いしにくいときもありますよね。

仕事の多くは自分の都合だけで決められないし、まわりと協力したり、助けあったりしながら進めますもんね。

だからこそ休みにくいんです。お願いしてみると、「いいよ、休んで！」と言ってもらえることも多いと思いますが、なかには「こんな忙《いそが》しいときに……」と言ってきたり、言葉にしないまでも態度でイライラをぶつけてきたりする人もいますよね。

たしかに、いますね。休むって悪いことではないのに、自分のなかに休むことへのうしろめたさがあると、相手のそうした不機嫌やイライラを、乾《かわ》いたスポンジのように吸収してしまいます。

「あっ、自分のせいで怒《おこ》らせたかな……」と思ってしまうんですよね。

そんなときも、私は、さっきの親の場合と同じように、「なにか事情があるんだろうな」と想像してみます。たとえば、「この人は、不機嫌をまわりにまきちらすほど疲《つか》れているのかな」みたいな感じですね。

なるほど。疲れていると……。

ほかに、「朝、家族とけんかをしたのかな」とか、「会議で上司に怒られたのかな」とか、「もともと月に何度か不機嫌になる人だから、その時期かな」とか、なんでもいいんです。そんなふうに思えたら、相手の姿が少し変わって見えますよね。「大変ですね」とか「お気の毒ですね」なん

て思えるようになるかもしれません。

ただ、相手の本当の事情は、こっちからはわかりませんよね。たんなる嫌《いや》がらせかもしれないし、嫌《きら》われているのかもしれないし……。

本当の事情は、まわりにはわからないし、ひょっとすると本人もわかっていないかもしれませんよ。Kさんにも、「自分でもよくわからないけど、今日はイライラ、モヤモヤするな」ってときがありませんか？

たまにありますね……。「今日は、もうダメだ」って日が。

ありますよね。だからこそ、相手のことは想像するしかないし、**相手の本当のことはわからなくてもいい**んです。不機嫌になった事情は、その人が自分で解決していくことなので。避《さ》けてほしいのは、「自分のせいで不機嫌になったのかな……」と考えてしまうこと。そうなると、休めなくなってしまいます。

それで、相手の不機嫌に対して「なにか事情があるんだろうな」と考えるわけですね。

はい。相手の不機嫌やイライラの理由を自分に向けないようにして、堂々と休みましょう。もちろん、休むときには「おたがいさま」の気持ちが大切です。今度、ほかのメンバーが休むときには、気持ちよくフォローしてあげてください。そうやって、しっかり休んで、エネルギーを補充《ほじゅう》するからこそ、おたがいが自分の力を最大限に発揮できると信じましょう。

疲れて余裕《よゆう》がなくなると、自分のことしか見えなくなりますもんね。まわりといい関係を築くためにも、ちゃんと休むことは必要ですね。

そうですね。それに、**しっかり休んで、いい仕事をする人の姿は、休むことにうしろめたさを感じている人の、とてもいい見本になる**はずです。上司や先輩《せんぱい》が、そういう姿を見せてくれると、後輩は休みやすくなりますよね。

今日のまとめ

相手の小言には……

○ 「事情がある」と考える

× 「うるさい！」と言い返す

心の技術7

相手の事情を想像してみる

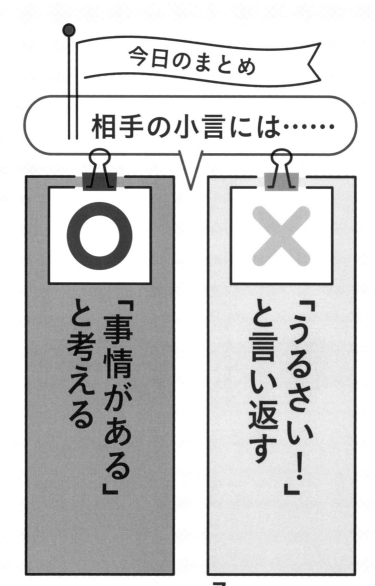

第3章
人とほどよく距離を置く

困ったあの人に、いつも振《ふ》りまわされている。

SNSで、知らない人に嫌《いや》なことを書きこまれた。

学校や会社に自分の居場所がなくて、しんどい。

人間関係は、なんて複雑で、やっかいなんだろう……。

この章では、人との距離《きょり》感《かん》について学びます。

8日目

嫌いな人がいてもいい

「だれとでも仲よく」は難しい

これまでは、自分に自信を持つ方法や早めに休む大切さなど、自分の内側のことを中心に学んできました。その一方で、「まわりの人と、どうつきあっていくか」という外側への働きかけも、自分の心を守っていくうえで大切ですよね。

そうですね。スクールカウンセラーとして、日々、十代の人と接していても、友達やクラスメート、親など、周囲との関係で悩《なや》んでいる人はたくさんいます。

そういった人間関係の悩みを聞いていて、なにか感じることはありますか？

「だれとでも仲よくしないといけない」という意識

の強い人が多いことですね。

私も高校生のときに同じことを思っていました。落ちこぼれになって、人の視線がこわくて、友達がほとんどいなかったので、「友達って、たくさんいないといけないのかな」とか「バカにしてくるクラスメートとも仲よくしないといけないのかな」と悩んだこともありましたね。

Kさんが、そんなふうに考えてしまったのも仕方ありません。私たちは小さなころから、ことあるごとに、「みんな仲よくしましょう」とか「友達をたくさんつくりましょう」と言われてきましたから。

どちらの言葉も、小学校の教室に標語として掲《かか》げられていた記憶《きおく》があります。

それがいかにも正しいこと、当たり前のことのように教えられると、そんなふうにできない人は悩んでしまいますよね。

一〇〇パーセントいいことだと信じて、疑ったことはなかったです。

大人になって、いろいろな世界を知ったKさんが、今あらためて「みんな仲よくしましょう」とか「友達をたくさんつくりましょう」と聞くと、また違《ちが》う印象を持つんじゃないですか？

正直、「しんどいし、そんなの無理！」と思ってしまいます。たしかに、そんなふうにできるのが理想ではあるんですが、現実的には合わない人もいて、仲よくできないこともありますし。それに、単純に「友達の数が多ければいい」というわけでもないかな……と。大人でも無理なことを求められていたんだな、と思いますね。

私は、当時のKさんのように「だれとでも仲よくしないといけない」と考えていたり、友達が少ないことに悩んでいたりする十代の人に出会うと、「大人の都合に振《ふ》りまわされないで」と伝えることがあるんです。

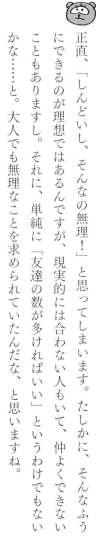

大人の都合ですか？

子どもたちが仲よくしてくれたら、大人はとても助かるんです。学校の先生はクラスを管理しやすくなるし、親は子どもに友達がたくさんいると安心します。「みんな仲よくしましょう」とか「友達をたくさんつくりましょう」という言葉には、そういう大人の都合もまざっているんです。だから、「鵜《う》呑《の》みにしないでね。大人もできていないんだから」とお話ししています。

そんなふうに言ってくれる大人が近くにいたら救われますね。私も十代のときに聞きたかったな……。

この世界には、本当にいろいろな人がいるので、自分と気の合う人もいれば、合わない人もいます。それが自然です。だから、**嫌《きら》いな人がいてもいいし、「だれとでも仲よくしないといけない」なんて考えなくていい**んです。

ネガティブな感情はセンサー

でも、人に対して「嫌い」とか「苦手」とか「合わない」と思ってしまうのは、なんとなく気が引けるような……。特に、初対面の人にネガティブな感情がわきあがってくることがあると、「おたがいのことを、まだなにも知らないのに、そんなふうに思っていいのかな」なんて考えてしまいます。

人のことを嫌ったり、苦手とか合わないと思ったりするなんて、いけないことだと考えてしまいますよね。でも、実は、**人に対するネガティブな感情は、自分を守ってくれるセンサーの役割を果たしている**んです。

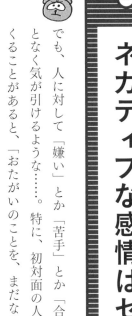

センサー……？

人に対する第一印象は、これまでの自分の経験に大きな影響《えいきょう》を受けています。たとえば、過去に嫌《いや》なことをされた人と似ている人に出会うと、無意識のうちにネガティブな感情を抱《いだ》くことがあります。そうやって、過去の経験をもとに、自分の身を守っているんですね。

たしかに、そうかもしれません。高校生のとき、ヤンキーにカツアゲされそうになったことがあるんですが、今でもそのヤンキーと同じような見た目やしゃべり方をしている人は苦手ですし、見かけたら、身構えたり、離《はな》れたりしますね。

そうやってネガティブな感情がわきあがることで、この人に近づいて大丈夫《だいじょうぶ》か、危なくないかを判断しているんですね。だから、初対面の人に対してもネガティブな感情を抱いてしまうのは、いい悪いではなく、人間の自

然な反応です。そのセンサーで感じたことを、どう使うかが大切ですね。

なるほど。センサーなしに、いきなり近づいていったら、また痛い目にあうかもしれませんしね。センサーを使って、一旦《いったん》距離《きょり》をとるからこそ、必要なときにだけかかわろうとか、話が合う部分だけでつきあおうとか考えられますもんね。

そうなんです。それで、「どうしても、自分とは合いそうにない」とか「やっぱり嫌いだな」と思ったら、静かに立ち去るのがいちばんです。**しんどい人からは黙《だま》って逃《に》げましょう。**

「逃げる」と聞くと、卑怯《ひきょう》とか臆病《おくびょう》とか勇気がないとか、なんとなくいいイメージがないのですが、それも一つの方法だということですか？

はい。逃げることは、自分の心を守っていくうえで、とても大切な技術です。もっとプラスの意味で使っていい言葉だと私は思っています。ただし、心のなかで「嫌い」とか「苦手」と思うのは自由でも、そのネガティブな感情を、そのまま相手にぶつけるのは、もちろんNGです。嫌いだからといって、相手に石を投げつけるようなことは

してはいけないし、おたがいに最低限の礼儀《れいぎ》やあいさつは必要です。

気持ちと行動は「まぜるな、危険」ですね。

そうですね。長い人生、その人と、また別のタイミングで再会することがあるかもしれません。そのとき、おたがいの状況《じょうきょう》や考え方が変わっていて、ひょっとしたら今度は気の合う友人になるかもしれない。黙って逃げるのは、そういう可能性を壊《こわ》さないということでもあるんです。一度でも石を投げてしまったら、そんな関係になることはありませんからね。

今日のまとめ

まわりの人とは……

○ 嫌いな人がいてもいい

× だれとでも仲よくする

心の技術8

しんどい人からは黙って逃げる

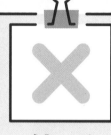

9日目

SNSの悪口は放置する

マウンティングはスルーしよう

前回、谷本《たにもと》さんに「嫌《きら》いな人がいてもいい」という言葉をもらって、気持ちがとてもラクになりました。でも、こっちがそういう人から離《はな》れようとしても、向こうから追いかけてくることもありますよね。

わざわざ近くに寄ってきて、悪意のある言葉や態度を投げつけてくる人ですね。

はい。悪意とは言わないまでも「そんなことも知らないの」とか「あなたには無理だよ」と言ってきて、人をバカにしたり、見下したりする人もいると思います。

「あなたより私のほうがすごい人間ですよ」と思わせるような発言をする、いわゆるマウンティングですね。

それです。現実の社会でもたまに出くわしますし、最近ではＳＮＳで見ず知らずの人に悪意のある言葉を投げつけられたり、マウンティングされたりということもありますよね。そういう人には、どう対処すればいいのでしょうか？

これは本当にやっかいな問題で、私もよく悩《なや》まされていますが、**SNSで悪意のある言葉を投げつけられたり、マウンティングされたりしたときは、反応せずにスルーするのがいちばん**だと思っています。

返信やコメントなどを、まったくしないということですか？

そうです。悪意のあるコメントがついても、返信も反論もせずに、そのまま放置しています。悪意を投げつけてくるような人は、相手がうらやましがったり、くやしがったり、態度を変えたり、謝《あやま》ったりするのを期待しているので、こっちが反応しないかぎり、それ以上のことはできませんから。

な、なるほど。でも、もっともらしい正論を書きこまれることもあるので、つい「勉強になりました」とか「ご指摘《してき》ありがとうございます」なんて反応してしまいそうになります……。

リアルな人間関係では、そういったクッションになるような言葉も大切ですね。ただ、インターネットの世界では、悪意を持って近づいてくる人に一度でも反応してしまうと、「この人は反応が返ってくる」とか「この人には書きこんでOK」などと思われて、さらにいろいろと投げつけられることが多いんです。

でも、放置するだけでやめてくれますか？　もっとひどい言葉が飛んできそうですが……。

たしかに、「もうひと押《お》し！」と言わんばかりに強い言葉を投げつけてくる人もいますが、それは、その人が必死になっている証拠《しょうこ》。ボールを投げても反応がないので、さらにボールを投げて気を引こうとしているんです。でも、こっちがボールを拾わないかぎり、そのゲームは成立しません。主導権をにぎっているのは、こっちなんです。

主導権はこっち……！

「リアルな人間関係だったら絶対にやらないようなことを、この人は平気でやってくるな」と感じたら、即《そく》シャットアウトでいいと思います。各SNSにはブロックやミュートといった機能があるので、それらをうまく使ってみてください。見ず知らずの人とつながることが当たり前になった今の世の中では、それくらいドライな自分を守る技術が必要だと感じています。

リアルな人間関係だと、会ったときの雰囲気《ふんいき》や話した印象などで「この人とは距離《きょり》をとったほうがよさそう」と判断できますが、インターネットの世界では難しいですもんね……。

自分の心の健康がいちばん

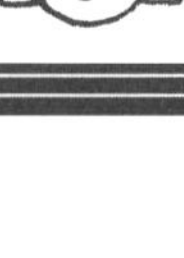

もう一つ、お伝えしたいのが、**一方的に悪意のある言葉を投げつけたり、マウンティングしてきたりする人というのは、言葉のキャッチボールではなくドッジボールをしている**ということです。

ドッジボール？　小学生のときに、よくやりましたが……。

キャッチボールは、相手がとりやすいように、高さやスピードなどを考えながらボールを投げますよね。

はい。相手を見ながら調整しますね。

一方、ドッジボールは、どうでしょうか。

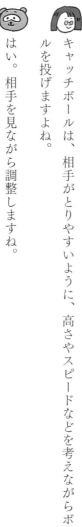

速くて、とりにくいボールを力いっぱい投げます。

そうですよね。ドッジボールは、相手にボールをぶつけるのが目的です。悪意のある言葉を投げつけてくる人はこっちで、「自分が勝ったぞ！」とか「相手をコートの外に追いだした！」と満足するまでボールを投げつづけます。

なるほど……。こっちがキャッチボールのつもりでいたら痛い目にあいますね。

そうなんです。そもそも、やっていることが、まったく違《ちが》っているんです。悪意に反応するというのは、いつのまにかドッジボールのコートに足をふみいれているということで、相手の思うつぼなんですね。

相手の思うつぼ……。たしかに、そうかもしれませんが、反応せずにスルーするっていうのは、な

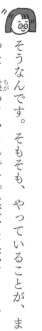

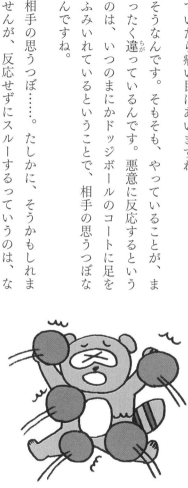

かなか難しいと思うんです。攻撃《こうげき》されたら、反射的になにか言いたくなったり、反論したくなったりするのが人間なのかな……と。

私もつい反応してしまって、あとで反省することがありますね……。

谷本さんでも……！

悪意の力って、すさまじいんです。そのときに思い出すのが、さっきのドッジボールのこと。ＳＮＳになにか書きこむときは、「私、今、ドッジボールのコートに入ろうとしていない？」と自分に問いかけるようにしています。それと、いつも自分に言い聞かせる言葉があるんです。

どんな言葉ですか？

「**自分の心の健康がいちばん**」です。「攻撃してくるほうが悪いのに、どうしてこっちが配慮《はいりょ》しないといけないの」と思うこともありますが、もう少し大きな視点で自分の人生を考えるようにしています。顔も名前も知らない相手をどうにかするよりも、自

分の心の健康のほうが大切ですからね。

たしかに、そうですね。

ここでも主導権をにぎっているのは、こっちです。「どこのだれかもわからない悪意を投げつけてくる人よりも、私は自分の心の健康を選んでいるんだ」と考えて、悪意のある言葉に反応しないように気をつけています。それと、いつも自分のことを見守ってくれている人、SNSだったらフォロワーの人のことを意識すると、あとで「やってしまった……」ということが減ります。

事前にそうやって決めておくと、反射的に反応したり、嫌《いや》な気分になったりすることが、少しは減るかもしれませんね。

そうですね。SNSでもリアルな人間関係でも、自分にとって心地《ここち》よい空間をつくる権利を、だれもが持っています。**SNSは楽しくやるのがいちばん**です。

今日のまとめ

SNSの悪口は……

○ そのまま放置

× 返信・反応する

心の技術9

悪意のある言葉はスルーする

10日目

自分の居場所がない！

今いる場所が、すべてではない

少し前に、この世界には、自分と気の合う人もいれば、合わない人もいて、それが自然なこと、とお話ししました。同じことが、学校や会社、近所づきあいなどのコミュニティーについても言えます。

人だけではなくて、合わない組織や場所があってもいいということですね。

はい。特定の嫌《きら》いな人がいるというわけではないのに、なんとなく居心地《いごこち》が悪かったり、場の雰囲気《ふんいき》になじめなかったりすることがありますよね。

私の高校生活が、まさにそうでした。苦手なクラスメートもいましたが、ほとんどはいい人なんです。でも、なぜか三年間ずっとなじめなくて、「なんか違《ちが》うな」「合わないな」という違和感《いわかん》を抱《かか》えながら、学校に通っていましたね。

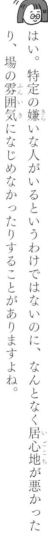

通う学校は、その人の学力や住んでいるエリア、場合によっては親の意向などで決まることも多いですからね。しかも、一度入学すると、途中《とちゅう》で転校したり、やめたりといったことがなかなか難しいので、悩《なや》む人が多いんです。

私も入学して早々に「自分には合わないな」と気づきましたが、三年間ただ耐《た》えるしかありませんでした。当時の私にとっては、学校生活が人生の中心というか、すべてという感じで、そこから外れることは、こわくてできなかったですね。

「自分には、ここしかないんだ」と考えてしまうと、どんどん苦しくなって、自分が本来持っている力を発揮することも難しくなってしまいますよね。

はい……。まわりの目が気になって、いつもびくびくしていて、緊張《きんちょう》しっぱなしでした。それに、クラスの仲よしグループのようなものに入ることもできなくて、そんな自分のことをおかしいんじゃないかと思ったこともありましたね。

当時のKさんに出会っていたら「**自分を責めないで**」とお伝えしたいですね。入った学校が、たまたまKさんに合わなかっただけなので、「なんで自分は、なじめないんだろう」なんて考えなくていいんです。**今いる場所が人生のすべてではないし、少し外に目を向けてみれば、別の世界がいくらでも広がっていますから。**

大人になって、いろいろな世界を知ってわかったことですが、特に学校というコミュニティーって、本当にせまくて、かぎられた空間なんですよね。それに、卒業してしまえば、もう一生会うことのない人がほとんどですし。

そうですね。だから、今、学校に居場所がなくても、自分を責めないでほしいんです。これからの長い人生で、自分に合う場所を見つけていけばいいんですから。

その言葉、高校生のときの自分に聞かせたいです。ホッとしただろうなあ……。

ちなみに、Kさんは高校を卒業したあと、自

分の居場所を見つけられましたか？

はい。少し時間はかかりましたが、見つけられました。今でも、その仲間たちとは、とてもいい関係が続いています。

よかったですね。Kさんのように、**環境《かんきょう》が変わると、自分に合う場所や仲間を見つけられることも多い**んです。

自分と同じような人を探す

でも、自分に合うコミュニティーって、なかなか見つからないですよね。私は運よくいい仲間にめぐりあえましたが、それ以外の居心地がいいコミュニティーがあるかといえば、ほとんどありません。

大人でも、自分の居場所を持っている人は少ないかもしれませんね。ただ、**居場所がなければ、自分でつくることもできますよ。**

自分でつくる⁉

Kさんと同じように、実は私も、高校時代、学校になじめなかったんです。そのときに私を支えてくれたのが、アニメや漫画《まんが》でした。学校とは関係のない場所でサークルを立ち上げて、同人誌をつくっていましたね。

す、すごいですね。

本来そんなタイプじゃないんですけど、好きなことだからできたんです。アニメや漫画を通じて学校の外の世界とつながれたことで、しんどい高校生活を乗りきることができました。今でも、アニメや漫画は大好きですし、私の心の支えです。

そうやって、自分の好きなことから居場所を見つけていく方法もあるんですね。今のしんどい場所からすぐには抜《ぬ》けだせなくても、別の世界があることを知っていると苦しさがやわらぎそうです。

そうですね。自分で居場所をつくるのが難しければ、今の時代ならインターネットを活用する方法もありますよ。

どんなふうに使うんですか？

たとえば、「学校に行きたくない」というキーワードで検索《けんさく》してみると、ずらっと情報が出てきます。そのなかには、現在進行形で悩んでいる、自分と同世代の生の声もあるはずです。どこのだれかはわからないけど、自分と同じようなことで悩んでいる人が、この世界のどこかにいる。そんなことを知るだけでも、「一人じゃない」と思えて、孤独感《こどくかん》が少し薄《うす》れるかもしれません。そして、自分と同じ趣味《しゅみ》を持つ人とつながれたり、居心地がいいコミュニティーを見つけられたりする可能性があるのも、インターネットの魅力《みりょく》です。

たしかに、同じようなことで悩んでいる人や同じ趣味を持っている人がいるとわかるだけで、なんだかホッとしますね。

私自身、これまでの人生で、いろいろなコミュニティーに属してきましたが、今も続いていて、居心地がいいと思えるコミュニティーは、本当にごくわずかです。自分の居場所が一つでもあるというのは奇跡《きせき》なのかもしれません。これからも大切にしていきたいですね。

人生のいろいろな時期を経て、ずっと関係が続いていくって、実はすごいことなんですね。

そうですね。これまで属してきたコミュニティーの多くは、役割が終わって抜けたり、自分には合わないと感じて離《はな》れたり、途中で関係が自然消滅《しょうめつ》したりして、どこかのタイミングで終わりましたからね。残ったのは、一つか二つです。

谷本《たにもと》さんでも、一つか二つ……。なんだか安心しました。

だから、今いるコミュニティーが自分には合わないと感じている人も、「**生きているうちに一つでも居場所が見つかればラッキー**」くらいの気持ちで、あせらずにいきましょうね。

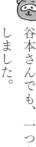

今日のまとめ

自分の居場所は……

○ 別の世界もある

× ここしかない

心の技術10

別の世界に目を向けてみる

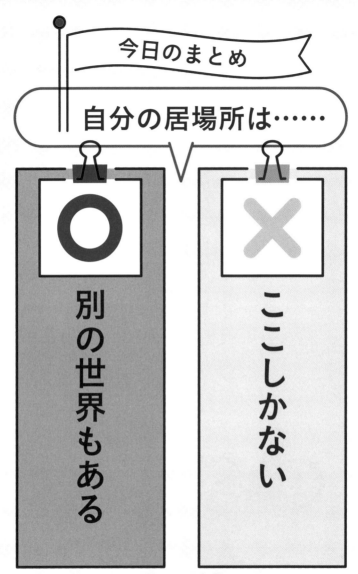

第4章

親との関係がしんどい

いちいち口を出してきて、うっとうしい。
いっしょにいると、なんだか疲《つか》れる。
なにかしようとすると、いつも否定される。
自分の親は、なんでこうなんだろう……。
そう思ったときのヒントになる章です。

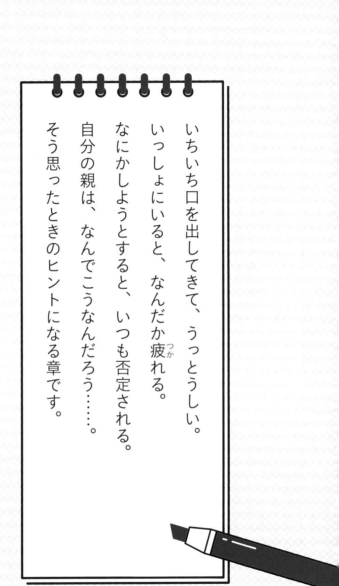

11日目

親の意見は絶対ではない

親とぶつかるのは成長の証

スクールカウンセラーとして十代の人と話していると、親との関係に悩《なや》んでいる人が、とても多いなと感じます。

私も十代のころ、親とよくぶつかりました。おたがいに「これくらいわかってほしい」という甘《あま》えがあるせいか、つい言葉がきつくなるんですよね……。

いろいろな人間関係の悩みがありますが、自分と近い関係ほど難しいんです。特に親との関係は、大人になってからも悩んでいる人が多いですね。

簡単には切れない、ずっと続いていく関係ですもんね。親との関係で気をつけるポイントはありますか？

まず大前提として、**どんな親子の関係にも、多かれ少なかれ葛藤《かっとう》がある**のが自然だということですね。特に十代の人が、親とぶつかったり、親にイライラしたりするのは「自分」を持ちはじめた証《あかし》。とても健全な状態と言えます。

親に対して、「うっとうしい」とか「嫌《きら》い」とか「全然わかってくれない」なんていうマイナスの感情がわきあがってくるのは、ごく自然なことだと？

はい。親にそう感じるのは、その人が成長している証なんです。

最近は、まるで友達同士のように仲のいい親子もいるとか、反抗期《はんこうき》がない人もいると聞きます。そういった人は、親との葛藤はないの

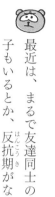

では？

話を聞いてみると、そういう人にも、やっぱり葛藤はあるようです。たとえば「親のアドバイスは全部そのまま聞かないといけない」とか「親になんでも話さなきゃいけない」というプレッシャーを感じている人もいますね。

たしかに、それもまた葛藤ですね……。親との仲がよくても悪くても、なにかしらの葛藤があるのが、親子という関係なんですね。

そうですね。親子の関係の葛藤は、子どもから大人へと成長していく過程で、必要不可欠なことです。それに、大人になっても葛藤は続いていきます。

大人になってから、親との関係がこじれてしまう人も多いでしょうね。

とても多いですね。そんなときも、**親とうまくいかない自分を責めたり、「自分を生んで、ここまで育ててくれたのに」と罪悪感を抱《いだ》いたりしなくていい**んです。十代にかぎらず、親子の関係には葛藤があるのが自然ですから。

子どもから先に親離れしよう

ただ、十代が難しいのは、親とぎくしゃくしやすい時期なのに、親に頼《たよ》らなければ生きていけないということですよね。親にイライラするけど、毎日ごはんをつくってもらえないと困るし、お金を出してもらえないと学校にも通えない。大人であれば、だれの許可も必要なく自分で決められるのに、十代はそうはいきません。

たしかに、腹の立つ親に、ただ従うしかないと考えるとしんどいですね。

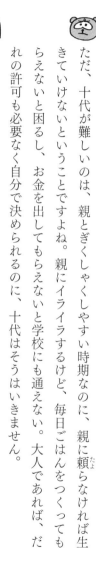

十代って、とても中途半端《ちゅうとはんぱ》な年代ですよね……。

私は、親との関係で悩んでいる人と話す機会があると、さっきのように、親に対してマイナスの感情を抱くのは自然なことだとお伝えします。そのうえで「とりあえず経済的な面は置いておいて、まずは精神的な面から親離《おやばな》れしよう。そして、親という存在をこえていこう」と提案することがあるんです。

親をこえていく？

特に十代後半は、親子という関係に、とても大きな変化が起こる時期なんです。それまでずっと「保護者と子ども」とか「守る立場と守られる立場」とか「教える側と教えられる側」といった役割の違《ちが》いが明確にあったのに、その関係がどんどん曖昧《あいまい》になっていきます。

たしかに、最新のスマートフォンのこととか、流行のものとか、勉強のこととか、子どものほうがくわしいこともあって、親に教えることも増えますね。

そんなふうに、親が絶対的な存在ではなくなって、親子それぞれに「子離れ」「親離れ」の時期が来ているんです。

おたがいにとって大きな変化ですね。

そんな親子の関係の変化に先に気づくのは、たいていは子どものほう。一方、親のほうは、いつまでも子どもを導いていく存在でありたいと思って、変化を受け入れるのに時間がかかることが多いんです。

子どもの成長が早くて、親のほうが追いついていない感じですか？

はい。親離れよりも、子離れのほうが、ずっと難しいんです。親がガミガミ言うのは、もちろん子どものことを心配して言っている場合もありますが、親自身が子どもの成長や変化に戸惑《とまど》っていて、つい口うるさくなったり、過剰《かじょう》に干渉《かんしょう》したりしていることも多いんですね。だから、親子の関係が変わったことに先に気づいたほう、つまり**子どもから親離れをしていくほうが簡単**なんです。

先に気づいた者から旅立つ準備をはじめるわけですか？

その通りです。その言葉、かっこいいですね。私も使わせてもらいます（笑）。これから成長して大人になっていく世代のほうが、考え方も行動も柔軟《じゅうなん》ですからね。

ただ、いくら子どものほうが「大人」の対応をしても、親は変わらず口うるさかった

り、干渉したりしてきますよね。

そうですね。簡単にはガミガミ言うのをやめてくれないでしょうね。いろいろ口うるさく言ってくるとしても、親の言葉は自分で取捨選択《しゅしゃせんたく》して聞けばいいんです。**親の意見は絶対ではないし、あくまでも参考情報の一つ。**自分にとって、その情報が役に立つと思うなら聞けばいいし、必要じゃないと思うなら聞き流せばいい。十代は、その判断ができるようになる年代です。

「口うるさい親に、ただ従うしかない」と考えるのではなくて、「自分の人生は、自分でしっかり選んでいくんだ」という意識が大切なんですね。たしかに、そんなふうに思えたら、親の意見に振《ふ》りまわされる感じが減ったり、親の言っていることを聞き流すことができたりするかも……。

そうやって、まずは精神的に親離れしていって、ほどよい距離感《きょりかん》を探すうちに、「むやみやたらに反抗的《はんこうてき》な言葉や態度を投げつけても意味がないな」と思えるようになって、親とぶつかることが減るかもしれません。

前にも出てきましたが、親も悩みを抱《かか》えた一人の人間なんだな、なんて思えるようになることが、大人になるということなのかもしれませんね。

そうですね。十代というのは、経済的・社会的には、まだまだ未熟で、子どもあつかいされる中途半端な年代かもしれませんが、精神的には、ものすごいスピードで大人になっていきます。まずは精神的な面から親離れしていって、いつの日か、経済的・社会的な面でも親離れできるように自分を育てていきましょうね。

今日のまとめ

親の意見は……

○ あくまでも参考情報の一つ

× 絶対に従うべきもの

心の技術11

親の言葉は取捨選択していい

12日目

自分の親が「毒親」だったら

しんどい親と、どうつきあう？

前回、子どものほうから先に親離《おやばな》れしていこう、そして、親をこえていこう、とお話ししましたが、残念ながら、**子どもが親から旅立とうとしても、いつまでも子どもの足を引っぱる親もいます。**

私のまわりにも、子どもが大人になっても「親の言うことは絶対」という価値観を押《お》しつけたり、自分の思い通りにならないと不機嫌《ふきげん》になったりする親のことで悩《なや》んでいる人がいますね。

子離れに時間がかかる人は多いものですが、それでも健全な親であれば、子どもが離れていくことを努力して受け入れていきます。そして、いつしか子どもが自分をこえていくことを喜ぶようになるんです。

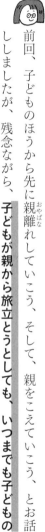

でも、実際には、そうではない親もいるんですね……。

残念ですが、そうなんです。親子の関係が、どんどん変化していっているのに、自分はまったく変わろうとせずに、子どもの世界を無視して親の世界に引きずりこもうとしたり、いつまでも子どもを自分の言うことを聞く存在としてあつかったりする親もいますね。

「毒親」という言葉をよく聞きますが、まさにそういったイメージです。

そういう言葉もありますね。毒親に明確な定義はありませんが、過干渉《かかんしょう》や暴言、暴力などで、子どもを自分の思い通りにしたり、自分のことを優先して子どもをかまわなかったりする親のことを説明する言葉として、よく使われます。

もし自分の親が、そういうタイプだったとしたら、しんどいし、とてもショックですよね。特に十代だと、親のことを悪く思うのは、自分自身を否定するような感覚もあるでしょうし……。

そうですね。スクールカウンセリングの場でも、親のことでしんどい思いをしているのに、それでも親にほめてほしくて苦しんでいる人がたくさんいます。

いちばんほめてほしい人に、ほめてもらえないのは、つらいですね……。

自分の話になってしまいますが、実は私も、十代のころからずっと、母との関係に悩んできました。母の望むような人生を選んでこなかったので、これまで母にほめてもらったという実感がほとんどないんです。

なんと、谷本《たにもと》さんも……！

私の母をふくめ、そういうタイプの親は、自分の思い通りになったときにだけ子どもをほめるんです。自分に従ったからうまくいったと考えるし、自分の期待と少しでも違《ちが》うと子どもを責めます。**子どもが永遠に自分の言うことを聞きつづけることが、そういった親の願い**なんです。

それはしんどい……。ほめてもらおうとすればするほど、自分という存在がなくなっていきそうです。

そうなんです。ほめてもらいたいと思いつづけるかぎり、いつまでも親にしばられたままで、自分の人生を生きられないんです。

それじゃあ、そんな親とは、どんなふうにつきあっていけば……？

少しずつ距離《きょり》を置くしかありません。親が変わろうとしていないのに、いつか親が変わってくれるんじゃないかと期待していると、何度も何度も自分が傷つきます。**そういった親は、ある意味、あきらめるしかない**んです。子どもとしては、とてもつらいですが……。

あきらめるしかない……。でも、距離を置くといっても、十代では、家を出て一人暮らしをするといったことも難しいですよね。

そうですね。だから、まずは一時的でもいいので親から離れて自分の心の安全を確保できる場所、たとえば、自分の部屋や図書館などですごす時間を増やしてみてください。親の不機嫌や暴言などを受けつづけるような環境《かんきょう》では、自分のことをゆっくり考えることすら難しいので。

とりあえず、危険な場所から離れるわけですね。

そうです。ほかに、部活動に打ちこんだり、好きなことに夢中になったりするのもおすすめです。まずは、物理的に距離を置くことで、振《ふ》りまわされたり、不機嫌を押しつけられたりする時間を少しずつ減らしていきます。**離れられると、気持ちに余裕《よゆう》が出てきますから。**そうやって安全な場所で、自分が傷つきにくいかかわり方を探《さぐ》っていきましょう。

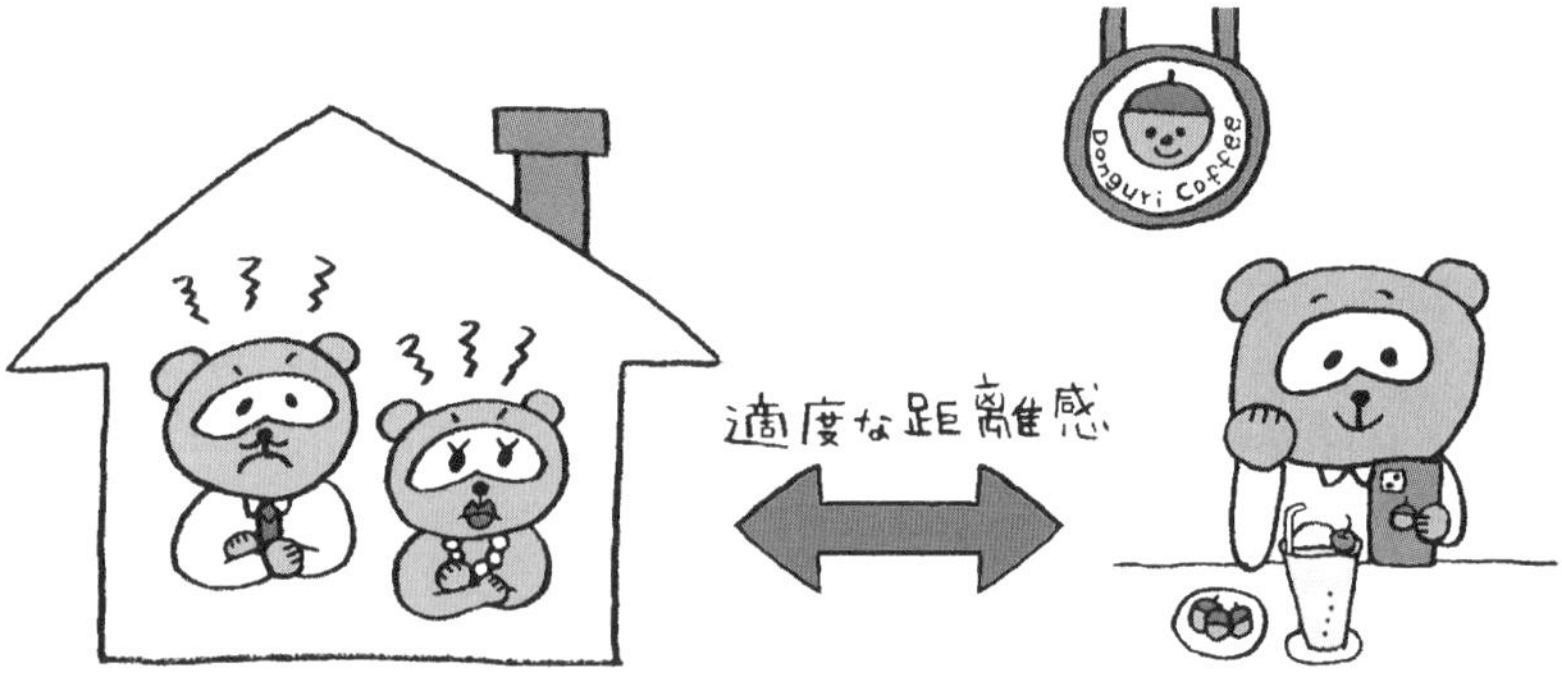

親が亡くなって知ることもある

谷本さんも、お母さんと距離を置いたんですか？

そうですね。私も十代のころは、母にほめてほしいと思っていましたが、途中《とちゅう》からはあきらめました。母とは距離を置いて、母にほめてもらうためではなく、自分のためにがむしゃらに生きてきました。

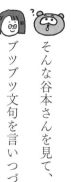

そんな谷本さんを見て、お母さんは、どんな反応を……？

ブツブツ文句を言いつづけていましたね。でも、それは母自身の問題で、私が自分の人生を自分でしっかり選んで納得《なっとく》して生きていけば、それでいいと思うようにしていました。これまでの人生、いろいろ失敗もして、母にひどい言葉を投げつけられたこともありましたが、いいことも悪いこともふくめて、起こったすべてのことを引き受ける生き方をしてきた自分を大いにほめたいと思っています。

今、お母さんとの関係は……？

実は昨年、母は亡《な》くなったんですが、今は、母に対する葛藤《かっとう》や、これまでに言われてきたことへの怒《いか》りは、かなり解消されています。

なんと……！

母が亡くなる直前まで葛藤はありました。ただ、母を看取《みと》ったあとに遺品を整理していたら、数年前に私が寄稿《きこう》した雑誌が出てきたんです。私の記事に付箋《ふせん》がはってあって、何度も読んだ形跡《けいせき》がありました。「母は私に興味がない」「私の仕事なんて理解していない」とずっと思ってきたのに、「実は、そうじゃなかったのかもしれないな」と、うるっときました。母が亡くなった今となっては、本当のことはわかりませんが、私の知らない母の一面を見た気がしました。今は「いろいろあったけど、私を産んでくれてありがとう」と心から思っています。

相手が亡くなったあとに変わっていく人間関係もあるんですね。

そうですね。ただ、これはあくまでも私の場合であって、親との葛藤が解消されないままのこともあるし、親のことを嫌《きら》いなままでも別にいいんです。大切なのは、**親がどんなタイプであっても、自分の人生を自分でしっかり選んでいくこと**です。

やっぱり、自分の人生を自分で選んでいく意識が大切なんですね。

はい。**自分で自分をほめられるような人生を生きることこそ、本当の親離れであり親孝行**だと私は思っています。自分の人生を生きることは、親を裏切ることでも親不孝でもありません。うしろめたさを感じなくていいんです。しっかり自分の人生を選んでいきましょうね。

今日のまとめ

しんどい親は……

○

物理的に
距離を置く

×

努力して
ほめてもらう

心の技術12

自分の人生は
自分で選んでいい

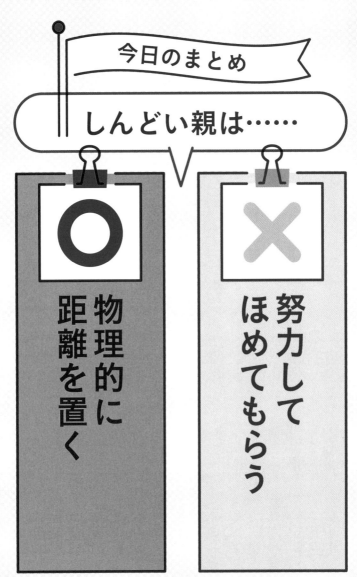

第5章

うまくいく人の小さな習慣

こう考えれば、少し生きやすくなる。
こうすれば、人とのトラブルが減っていく。
どうしてもしんどいときは、これをやる。
ちょっとしたことだけど、効果は大きい。
この章では、そんな小さな習慣を集めました。

13日目

人とのあいだに境界線を引く

境界線があるから安心できる

Kさんは「自分と相手とのあいだに境界線を引こう」と言われたら、どんなふうに感じますか？

うーん……。「この線からは入らないで」「入ってこないで」と言いあっているみたいで、なんとなく冷たい印象を受けますね。

たしかに、それ以上、おたがいが近づいちゃいけない感じがありますよね。ただ、**相手とのあいだに境界線を引くことは、自分の心を守るうえで必須《ひっす》の技術**です。しかも、自分だけでなく、相手を大切にすることにもつながります。

境界線を引くというと、相手を寄せつけないとか、相手を拒絶《きょぜつ》することのようにも思えますが、そうではないんですか？

はい。実際は、逆なんです。境界線があるからこそ、おたがいが安心して暮らせるんです。動物のことを考えてみるとわかりやすいですよ。どんな動物も、なわばり意識を持っていて、こっちがそのなかにうっかり入ってしまったり、近づきすぎてしまったりすると、攻撃《こうげき》や威嚇《いかく》をしてきますよね。

たしかに、うちの愛犬も、体のだいたいの部分はさわっても平気ですが、歯や口などのデリケートな部分にふれると、ものすごく嫌《いや》がりますね。

「そこはさわらないで！」と、うったえてきますよね。人間も動物なので、同じなんです。なわばり意識というか、「ここからは他人に入ってほしくない」という境界の意識を持っています。たとえば、ガラガラにすいている電車で、自分の真横の席に人が座《すわ》ってきたら、Kさんはどうしますか？

こわい……。すぐに席を立って別の車両に移ります。

恐怖《きょうふ》ですよね。Kさんが、そう感じるのは、相手がこっちの境界線をこえてきて身の危険を感じたからですよね。そんなふうに「物理的な境界」の意識を持って、人と

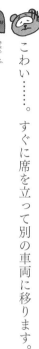

一定の距離《きょり》を保つことで、自分を守っているんです。

知らない人との距離が近いと「嫌だな」と思うのは、そういうことなんですね。

そうなんです。さらに、私たち人間は、物理的な境界に加えて、「心理的な境界」の意識も強く持っています。ふれてほしくない話題にずけずけとふみこまれたり、一方的に「あなたが悪いよね」と決めつけられたりすると、ムッとしますよね。

「こっちの事情を知らないくせに！」と思いますね。

それは、さっきの電車の席の話と同じで、相手が心理的な境界線をこえて、その内側に無断で入ってきたからです。**物理的にせよ、心理的にせよ、境界線の内側というのは、だれにもじゃまされない、自分だけの大切な世界**です。ドアをノックせずに入ってこられたら、恐怖を感じたり、腹が立ったりして当然なんですね。

そういえば、この前、知りあってまもない人と、自分がおいしいと思うラーメン屋さんの話になったんです。私のおすすめのお店を紹介《しょうかい》したら、「そこは、まずいですよ。ほかにおいしいところ、いくらでもありますから」と半笑いで言われて、かなりモヤモヤしたことがありましたね……。

自分がおいしいと思うものを、目の前で全否定されるのはショックですよね。好きなお店や食べものの好みって、その人にとって境界線の内側のことなので、Kさんがモヤモヤしたのも当然です。

その場は、なんとか笑ってやりすごしましたが、あのときの私は、心理的な境界線をこえられて、自分の大切な世界を傷つけられていたんですね……。

反対に、最近、Kさんが、だれかをイライラ

させたり、怒《おこ》らせたり、不快にさせたりしたことはありますか？

ありますね……。この前、失敗しました。

なにがあったんですか？

家族が通販《つうはん》サイトで服を買おうとしていたんです。どの色にするか三日くらい悩《なや》んでいたので、つい「もうそろそろ決めたら。時間がもったいないよ」と言ってしまって、そのあと大げんかになりました……。

相手には相手のペースや決め方があるのに、自分の基準だけで考えてしまうことってありますよね。

はい。あとで反省することが多々あります……。

相手には相手の世界がある

今、ラーメン屋さんとネットショッピングの話をしてくれましたが、どちらのトラブルも、おたがいの境界線をこえたり、こえられたりしたことが原因で起こっていますよね。

境界線……。言われてみると、そうですね。

そんなふうに、**人とトラブルになる背景には、必ずと言っていいほど境界の問題がある**んです。つい「自分と相手、どっちが正しくて、どっちが悪いか」みたいな「善悪」の視点で考えがちですが、「境界線をこえた、こえられた」という視点でトラブルをながめてみると、どこに原因があったかがシンプルになりますよ。

なるほど。これまでは、「私は、そんなつもりじゃなかった」とか「あなたの言い方がよくない」みたいに「人」に原因があると思っていましたが、「境界線をこえたから相手を怒らせたんだ」とか「境界線をこえられたからイライラしたんだ」と考えると、たしかにわかりやすいですね。それに、人に原因を求めずに、「境界の意識に問題があったんだ」と考えると受け入れやすいです。

境界の意識が曖昧《あいまい》になっていると、相手の世界にふみこんでしまって、トラブルになりやすいんです。自分と近い関係の人であっても、相手の境界線の内側に入るときには、一言「入っていいかな」と声をかけるようにしたいですね。

目に見えない心理的な境界線だと、つい曖昧になってしまいますが、相手の部屋に入るときは、たとえ家族であっても「入るよ」と声をかけますもんね。

そうですよね。家族であっても、夫婦《ふうふ》であっても、親子であっても、恋人《こいびと》であっても、相手と

どんなに価値観や考え方が似ていても、自分とは異なる部分が必ずあります。境界の意識を持つというのは、「自分には自分の世界があるように、相手にも相手の世界がある」ということを大切にする姿勢です。たとえ相手と意見が違《ちが》っても、「そういう考え方もあるよね」と相手を受け入れることでもあります。

境界線を引くという意識を持つことが、自分も相手も大切にすることにつながる、という意味がよくわかりました。

境界線を引くことは、相手を拒絶することではなくて、尊重することにつながるんです。おたがいに傷つけあうことが少なくなって、人間関係のトラブルが、ぐっと減りますよ。

今日のまとめ

境界線を引くと……

○ 相手を「尊重」する

× 相手を「拒絶」する

心の技術13

境界を意識すると トラブルが減る

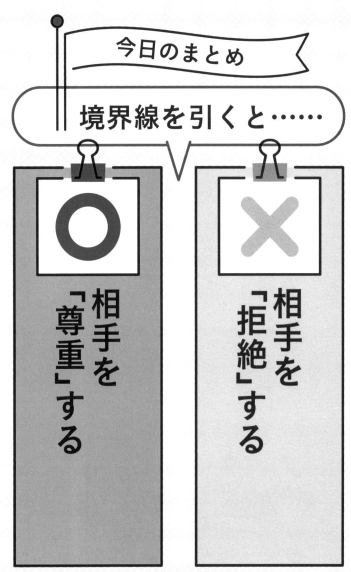

14日目

それは本当に自分の問題？

別の感情をプラスでのせない

前回、自分と相手とのあいだに境界線を引くことの大切さについてお話ししましたが、境界を意識するようになると、人とのトラブルが減るだけでなく、相手に別の感情をプラスでのせなくてすむので、とてもラクなんです。

別の感情をプラスでのせる？

たとえば、前回、ラーメン屋さんの話がありましたよね。もしかすると、相手は自分のおすすめのお店について話したかっただけで、Kさんを攻撃《こうげき》するつもりはなかったのかもしれません。もちろん「まずい」という言い方は、よくないですが。

な、なるほど……。言われたときはびっくりして、そんなふうには考えられませんでしたが、たしかに、その人はおすすめのお店について熱心に語っていましたね。ラーメンに、かなりこだわりがありそうでしたし……。

ネットショッピングをしていた家族を怒《おこ》らせてしまった話も、Kさんに攻撃するつもりはなかったんじゃないですか？

はい……。決められなくてしんどそうだったので、「たくさん考えたんだから、もうそろそろ決めてもいいんじゃない」という感じで、つい言ってしまって。

そうですよね。もちろん、相手が悪意を持って境界線の内側に入ってくることもありますが、**おたがいの「つい」とか「うっかり」で境界線をこえてしまって、トラブルになることも結構ある**んです。

日常のちょっとしたイライラ、モヤモヤは、ほとんどそうかもしれませんね。

境界線をこえて、その内側の自分の大切な世界に入ってこられるだけでも嫌《いや》なことなのに、そこにさらに「攻撃された」とか「なにか言い返さなきゃ」なんていう別の感情をプラスでのっけて反応してしまうと、もうへとへとになってしまいます。

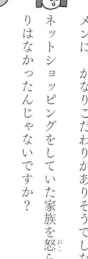

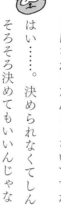

つい言い返したくなるんですよね……。でも、実際にそうすると、相手と険悪な雰囲《ふんい》気《き》になったり、よけいに面倒《めんどう》なことになったりして、たしかに疲《つか》れはててしまいます。

そんなときに境界の意識が役に立つんです。すぐに「攻撃された」とか「なにか言い返さなきゃ」と反応するのではなくて、**「相手に境界線をこえられたからモヤモヤしたんだな」と考えられると、反射的に言い返して、関係がこじれることが少なくなる**かもしれません。

それが、相手に別の感情をプラスでのせないコツ、ということですか?

はい。反対に、相手を不快にさせてしまったときも、同じように、境界の意識が役に立ちます。**「境界線をこえて、相手の大切な世界に入ってしまったから怒らせたんだ」と考えられると、素直《すなお》に謝《あやま》ることができる**かもしれませんよね。「あなたの大切な世界に勝手に入ってしまって、本当にごめんなさい」と思えたら、けんかや言い合いは、そこで終わる可能性が高くなります。

なるほど。自分と近い関係の人だと、売り言葉に買い言葉で、「あなたは、いつもそ

うだよね」みたいに、過去の話まで持ち出して、相手を決めつけるような言葉を、おたがいに投げつけることにもなりがちですが、それを避《さ》けられるかも……。

それに、次に同じようなトラブルが起こりそうになったときに、境界のことを思い出して「相手の大切な世界のことだから、そっとしておこう」と考えられて、トラブルにまで発展しないかもしれませんね。

たしかに、そんなふうに、おたがいの境界を意識しながら、別の感情をプラスでのせないですむと、自分も相手もラクになれるような気がしてきました。

「自分」「今」だけに集中する

ここで、もう一つお伝えしたいのが、相手の問題を引き受けてしまうのも、境界の意識が曖昧《あいまい》になっている状態だということです。

相手の問題を引き受ける、というのは？

たとえば、なんでも自分のせいだと考えて自分を必要以上に責めたり、相手が不機嫌《ふきげん》なのはすべて自分が悪いからだと思いこんだり、いい人と思ってもらいたくて相手の言いなりになったり、といったことです。

そんなふうに考えてしまうこともありますね……。

それらの問題は、本当は相手が解決しなきゃいけないことだったり、自分ではコントロールできないことだったりするのに、なんでも自分に関連づけて考えてしまうのは、境界の意識が曖昧になっている状態で、トラブルになりやすいんです。

そうか、どうしようもないことを自分に引き寄せて考えたり、相手の境界線の内側で起こっていることを外からじーっとながめたりするのも、境界の意識が曖昧になっている状態なんですね。

その通りです。境界の意識が曖昧というと、なんでも人のせいにしたり、自分の思い通りにならなくて相手を責めたりといった、無断で境界線をこえてくる人をイメージしますが、それだけじゃないんです。

相手の問題を自分に引き寄せて、ずっと考えて、気づいたら振《ふ》りまわされていることってありますね……。

そうなると、とてもしんどいですよね。**私たちがコントロールできるのは、自分の境界線の内側のことだけで、相手の境界線の内側で起こっていることは、どうにもできない**んです。たとえば、相手を不機嫌にさせてしまうことってありますよね。そんなとき、自分に思いあたることを謝ったあとは、それ以上、なにもできないんです。そ

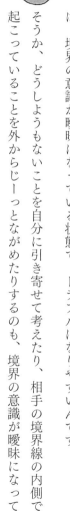

っとしておくしかありません。

それじゃあ、相手の問題を引き受けそうになったときは、どうすれば……？

そんなとき私は、**「これは本当に私の問題？」と自分自身に問いかける**ようにしています。「相手の問題を自分に引き寄せすぎていないか」をチェックするんです。それで、「あっ、これは相手の問題だから、私にはどうにもできないな」と軌道《きどう》修正します。そのあとは、**自分の境界線の内側のことのなかで、今できることだけをやっていきます。**

どうにもならないことは置いておいて、自分ができることに集中するわけですか？

はい。境界のことを意識しはじめると、「こういうときに自分はイライラするのか」とか「こういうことに振りまわされやすいのか」なんて感じで、「自分」に対する理解が深まります。境界の意識を持つ

うえで、自分を知ることは、とても大切です。自分の境界がどのあたりにあるのかを知らないと、その内側を守ることはできませんから。

トラブルを通じて、「自分って、こんな人間だったんだ」と知ることもありますよね。

そうですね。同時に、「相手」に対する理解も深まります。日常生活で、人といろいろトラブルになることがあると思いますが、そういったときに、「この人は、こういうことは大丈夫《だいじょうぶ》だけど、こういうことは嫌なんだな」なんて感じで、相手のことがわかってきますよね。そうやって、人と人とのあいだで悩《なや》みながら、おたがいに心地《ここち》よい距離感《きょりかん》を探《さぐ》っていくことが、「人といっしょに生きる」ということなのかもしれませんね。

今日のまとめ

相手の不機嫌は……

○ 本当に私の問題？

× すべて自分のせい

心の技術14

境界線の内側の今できることに集中する

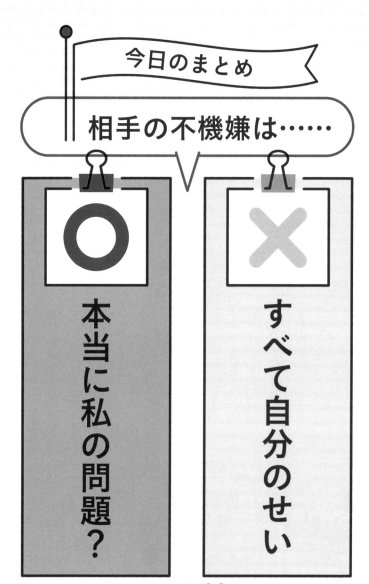

15日目

一人で抱えこまない

人に話して、共感してもらう

これまで、Kさんと、いろいろな自分の心を守る技術について学んできましたが、今日が最後になります。

えっ、さびしくなりますね……。

あっというまでしたね。最後に一つ、自分の心を守っていくうえで、とても大切な姿勢をお伝えしますね。

大切な姿勢……。どんなことでしょうか？

「**一人で抱《かか》えこまない**」ということです。生きていると「しんどいな」と感じるタイミングがあると思うのですが、そんなとき、もしできるなら、だれかに自分の悩《なや》みを話してみてほしいんです。Kさんは、人に相談するのは得意ですか？

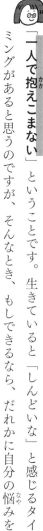

いいえ、まったく……。自分のことを話すなんて恥《は》ずかしいし、どんなふうに思われるのかこわいし、だれかに相談しようとは、なかなか思わないですね……。

もちろん、人に話したくなかったら、無理に相談する必要はないんですよ。それは大前提です。一方で、一人で抱えこまずに、だれかと悩みを共有するという選択肢《せんたくし》もあるんだということを、いつも頭の片隅《かたすみ》に置いておいてほしいなと思います。

でも、人に相談しても、すぐに状況《じょうきょう》がよくなったり、問題が解決したりするわけではないですよね？

そうですね。すぐに解決することのほうが少ないと思います。

それじゃあ、やっぱり……。

そのとき「どうせ人に話しても意味がない」とは思わないでほしいんです。人に相談するいちばんの目的は、悩みや問題を解決することではないので。

えっ……。それじゃあ、なんのために人に相談するんですか？

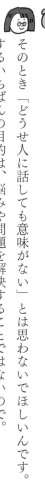

相手に共感してもらうためです。私たち人間は、たとえ悩みや問題がすぐに解決しなくても、「**だれかに話を聞いてもらうだけで気持ちが軽くなる**」という特徴《とくちょう》を持っているんです。重い荷物を一人で運ぶのはしんどいですが、だれかに手伝ってもらうと少しラクになりますよね。そんなイメージです。

悩みや問題が解決しなくても、人に話を聞いてもらうこと自体に、すでに意味や価値がある、ということですか……？

そうです。一日目に、Ｋさんが高校時代に落ちこぼれになった話をしてくれましたよね。そのとき、当時のことを、今は笑い話にできている、と言っていたと思うんです。そんなふうに思えるようになったのは、どこかのタイミングで、だれかに当時のことを話して、受けとめてもらったからかもしれません。

たしかに……！　高校を卒業したあとに出会った仲間に話したら、「それは、しんどかったね」と言ってもらえて、すごくラクになったのを覚えています。

共感してもらったことで、過去の出来事の意味が変わったんですね。そんなふうに人

に話を聞いてもらうことで、私たちは力がわいてきて、また前に進めるんです。

私も知らないうちに実践《じっせん》していたんですね。

そうですね。それに、人に相談するときは、自分のことを言葉にしますよね。**言葉にすると、自分でもよくわからないモヤモヤした気持ちが整理されていきます。**自分の口から出た言葉を自分の耳で聞くことになって、話す立場でありながら、同時に聞く立場にもなるんです。自分をふくめた話を聞いてくれる人に、少しでもわかりやすく伝わるようにしようと思って、頭のなかが整理されていくわけですね。そんなふうになると、解決の方向へ確実に一歩前進します。

相談して安全な人、危険な人

たしかに、人に話を聞いてもらえるとうれしいですが、なかには「相談しなきゃよかったな……」と感じるようなこともありますよね。

そうですね。そこは少し注意が必要で、相談する相手は、だれでもいいわけじゃないんです。

どんな人ならいいんですか？

こっちの考えや感情を否定せずに話を聞いてくれる人ですね。反対に、**自分の価値観や考えを押《お》しつけてくる人に相談するのは避《さ》けたほうがいい**です。相手の言っていることが正しかったり、役に立つことだったりしても、一方的に押しつけてくる感じがあると、とたんに苦しくなってしまうので。

なるほど。「この人、自分の価値観や考えを押しつけてくるな」という判断は、自分の感覚でいいんですか？

もちろんです。「あなたのためを思って」といった善意で言ってくる人もいると思いますが、「しんどいな」とか「なんか違《ちが》うな」と感じたら、自分の気持ちに従って離《はな》れてOKです。そして、あきらめずに別の人を探してみてください。価値観や考えを押しつけずに話を聞いてくれる人は必ずいますから。

本当にいますかね……。

必ずいます。**家族や友達など、自分と近い関係の人に相談する場合は、「ただ話を聞いてほしいんだけど、いいかな？」と前置きをするといい**かもしれません。ただ、そうお願いしても、自分の価値観や考えを押しつけてくる人はいるので、そのときは「この人には話さないでおこう」と判断して、そっと離れましょう。

自分と近い関係の人には話しにくい内容もありますよね？

そうですね。そういうときや、まわりに相談できる人がいないときは、私のようなカウンセラーなどの専門家に話をしてみる方法もあります。ただ、これまた同じことの繰《く》り返《かえ》しになりますが、話を聞くプロであっても、自分の価値観や考えを押しつけてくる人もいるので、「自分には合わないな」と感じたら離れましょう。

プロでも、そういう人がいるんですね……。

残念ですが、いますね。ちゃんと話を聞いてくれる人というのは、相談しても安全な人なんです。話をしていて苦しくなるような人は、安全な人ではありません。

どんなときも、自分の感覚を信じていいんですね。

その通りです。それと、話をするなかでアドバイスをもらったとしても、すべてを受け入れる必要はありません。**どんな意見も絶対ではないので、そのアドバイスを採用するかどうかは、相談した側が決めればいい**んです。人には、それぞれタイミングや状況、立場なんかがありますからね。

相談することの大切さが、よくわかりました。話したあとに苦しくなるような人ではなくて、自分のことを安心して話せる相手がいたらいいですね。私にも、そんな人がいたらな……。

そんな人との出会いは、人生の宝物になりますよ。悩みや問題を一人で抱えこむのは限界があります。ちゃんと話を聞いてくれる人は、必ずどこかにいますから、あせらずに探していきましょうね。

声をかけて、あとは待つだけ

反対に、人に相談される側になることもありますよね。谷本《たにもと》さんは、カウンセラーとして人の話を聞く立場になることが多いと思うんですが、どんなことを心がけているんですか？　私のように、相談することに苦手意識がある人もいると思いますが。

特に、スクールカウンセリングの場合は、「カウンセリングルームだからといって悩みごとじゃなくていいから、なんでもおしゃべりしていってね」とか「だれも来てくれなかったらさびしいから、いつでも話しにきてね」なんて言っています。

それで自分のことを話してくれますか？

いいえ。最初は、なかなか話してくれません。だれしも、自分の悩みを話すのは緊《きん》張《ちょう》しますからね。ただ、私のところへ来てくれたということは、「人に話してもいいかな」と思ってくれているはずなので、その気持ちを折らないように、まずは、その人の得意なことや好きなことを教えてもらったりして、気軽におしゃべりできる雰囲《ふんい》気《き》になることを心がけています。

いきなり「あなたは、なにに悩んでいるの？」なんて聞かれたら、身構えてしまいますもんね。

そうですね。悩みや問題を真正面からとらえすぎないようにしています。少しずつ気持ちがほぐれてくると、「実は……」と胸の内を話してくれるんです。

少しずつ、少しずつ、なんですね。

はい。無理やり悩みを聞き出すようなことは絶対にしません。**大切なのは、相談する側が、おそるおそるでもいいので「人に話してみよう」と自分で決めること**なんです。相談する側に「話してみようかな」という気持ちがないと、こっちがどんなことを伝えても届きませんから。

思いあたることがあります。カウンセリングではありませんが、高校時代にストレスから肌荒《はだあ》れがひどくなって、母に無理やり皮膚科《ひふか》に連れていかれそうになったことがありました。本当に腹が立ったので、母の制止を振《ふ》りきって、そのまま家まで歩いて帰ったんです。心配してくれていると頭ではわかるんですが、こっちの気持ちの準備ができていないと、まったく聞く耳を持てないんですよね……。

お母さんの気持ちもわかりますが、Kさん自身に「行ってみようかな」という気持ちが生まれて、はじめて行動できるんです。

となると……、なにか悩みを抱えている人にできることというのは、「こういう方法があるんだけど、どうかな?」とか「なにかあったら、いつでも話してね」なんて声をかけて、あとは待つくらいしか……?

そうです。**こっちから声をかけて、そのうえでどうするかは、あくまでも悩んでいる本人が決めること。**有名な言葉ですが、馬を水辺《みずべ》まで連れていくことはできても、無理やり水を飲ませることはできないんです。人も同じですね。

なるほど。案内はできるけど、水を飲むかどうかは本人次第……。

前回の境界の話にもつながりますが、特に、親や教師、先輩《せんぱい》といった、人をサポートする立場にいる人は注意が必要です。経験や知識が相手より豊富なので、「こうすればいいのに、なんでやらないの」とか「このほうが効率的なのに、遠まわりばかりして」なんて思って、つい言ってしまうんです。声をかけて、そのうえでどうするかは、相手が決めること。そこは、しっかり線を引いて、自分の価値観や考えを押しつけないようにしたいですね。

難しい……。でも、少しずつ練習していきたいです。

はい、少しずつ、少しずつで大丈夫《だいじょうぶ》ですよ。**人間関係って、めんどうくさいものですが、私たちが力をもらえるのも、また人間関係からなんです。**人に相談し、また人に相談されながら、おたがいに支え合って生きていけたらすてきですね。

本当に、そうですね。谷本さん、ありがとうございました。

今日のまとめ

相談の目的は……

○ 共感してもらう

× 問題を解決する

心の技術15

一人で抱えこまず だれかに話してみる

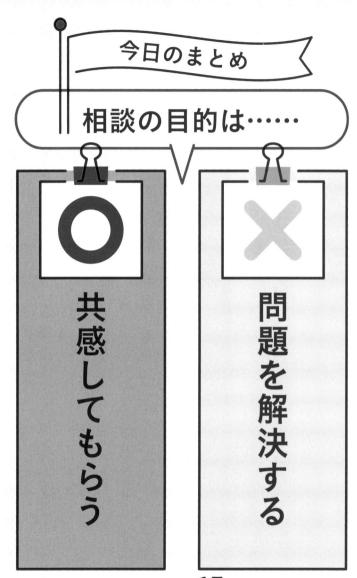

まとめ

自分の心を守る技術15

ご紹介《しょうかい》した「心の技術」を一覧にしました。
毎日の生活で意識してみてください。

1

過去を振《ふ》り返《かえ》って
成長を実感する

2

小さながんばりを
集めてみる

3

自分をまるごと
受け入れる

4

どう生きたいか
自分と向き合う

5

好きなことにどっぷりつかる

6

自分に許可を出して堂々と休む

7

相手の事情を想像してみる

8

しんどい人からは黙《だま》って逃《に》げる

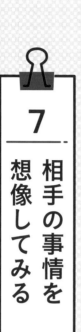

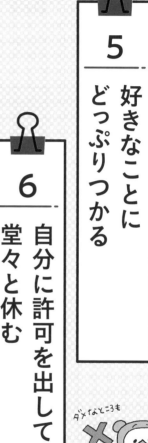

9

悪意のある言葉は
スルーする

10

別の世界に
目を向けてみる

11

親の言葉は
取《しゅ》捨《しゃ》選《せん》択《たく》していい

12

自分の人生は
自分で選んでいい

13

境界を意識すると
トラブルが減る

14

境界線の内側の
今できることに集中する

15

一人で抱《かか》えこまず
だれかに話してみる

おわりに

最後まで読んでいただき、ありがとうございました。

ご紹介《しょうかい》した「自分の心を守る技術」は、知識として学ぶだけでも、もちろん効果はありますが、次のようなステップで「練習」していただくと、いちだんと効果を発揮します。

①知識として学ぶ（今、みなさんはここです）

②自分に足りていない「心の技術」を一つ選ぶ

③それを毎日の生活で意識してみる

④意識するだけでなく、実際にやってみる
⑤何度も繰《く》り返《かえ》す

③「毎日の生活で意識してみる」というのは、たとえば、この本を閉じたあと、自信をなくすようなことがあったり、だれかとトラブルになったりしたときに、「あっ、これは、あの本に書いてあったことだ！」と気づくことからはじまります。

そんなふうに気づけるだけで、これまで十のダメージを受けていたのが、八とか七に減るかもしれません。そして、④「実際にやってみる」と、もっと効果を感じていただけるはずです。

さらに、⑤「繰り返す」と、最初は違和感《いわかん》があったはずなのに、だんだん慣れてきます。そうなると、あなた自身の「生きる力」になっています。

今回、この本を制作する過程で、何度も原稿《げんこう》を読み返しましたが、そのたびに私自身の気持ちが明るくなっていくのを感じました。自分の言葉で、自分自身が癒《い》やされる。そんな不思議な感覚になりました。
スクールカウンセラーとして、たくさんの十代の人たちと出会い、語りあってきた集大成としての一冊になったと思っています。

最後になりましたが、この本の編集者であり、登場キャラクターでもあるＰＨＰ研究所の桑田和也さんには、大変お世話になりました。とても楽しいやりとりでした。ありがとうございました。

谷本恵美

装丁	小口翔平＋嵩あかり（tobufune）
装画・本文イラスト	matsu（マツモトナオコ）
本文デザイン	本澤博子
編集担当	桑田和也

本書は、月刊誌『PHP』の連載「10代からの自分を守る心の技術」（2022年７月号～2023年９月号）を加筆・修正し、書籍化したものです。

〈著者略歴〉
谷本恵美（たにもと　えみ）
一般社団法人日本産業カウンセラー協会認定産業カウンセラー

1962年、大阪府生まれ。1991年、カウンセリングルーム「おーぷんざはーと」を設立。カウンセラーとして33年、スクールカウンセラーとして18年の経験がある。得意分野は、家族・子育て・職場の問題。特に、モラルハラスメント問題に力を入れて取り組み、理解を深める活動や被害者支援にたずさわる。著書に『カウンセラーが語るモラルハラスメント』（晶文社）などがある。

カウンセリングルーム「おーぷんざはーと」
https://othpage.com/

13歳からの自分の心を守る練習

2024年5月7日　第1版第1刷発行

著　者　谷本恵美
発行者　永田貴之
発行所　株式会社ＰＨＰ研究所
東京本部　〒135-8137　江東区豊洲5-6-52
ビジネス・教養出版部　☎03-3520-9615（編集）
普及部　☎03-3520-9630（販売）
京都本部　〒601-8411　京都市南区西九条北ノ内町11
PHP INTERFACE　https://www.php.co.jp/

組　版　株式会社PHPエディターズ・グループ
印刷所　株式会社精興社
製本所　東京美術紙工協業組合

ISBN978-4-569-85679-7